オフレコ！BOOKS

田原総一朗 責任編集

この世界を知るための教養

佐藤優

10のキーワードですべてがわかる

JN216595

アスコム

まえがき

これからの世界をざっくり読み解くためには？

田原総一朗

いま、世界は混乱の真っ只中にあります。

そんな時代にあって、日本は、そして私たちはどうなるのでしょうか。トランプ大統領の誕生で、在日米軍は本当に撤退するのでしょうか。日米同盟はどうなるのでしょうか。そのとき中国やロシア、北朝鮮はどうなるのでしょうか。沖縄や北方領土問題はどう動くでしょう。第三次世界大戦は、本当に起こってしまうのでしょうか。

私たちは世界や日本の先行きを、まったく見通すことができません。それは、不確定な「変数」が無数にあるためでしょう。そして、その変数を無数に含んだ〝世界方程式〟を、誰も解くことができないのが、いまの時代なのです。

では、いままでの常識が通用しない、秩序なき予測不能な世界を生きる私たちは、どうすればよいのでしょうか。**時代を先取りし、本質を見抜く新しい〝教養〟を身につけることが必要だ**、と私は考えています。

体系化された従来の学問や常識を踏まえつつ、いまの時代、迫りくる新時代に対応し、溢れかえる膨大な情報の中から、必要な情報を的確に取捨選択する。そして、その**情報をしっかりと分析して、実社会に役立てる能力。これこそが、新しい形の「教養」といえるでしょう**。

私たちは、そんな教養を身につけ、いわば〝知の武装〟をして、一人ひとりが「未知の脅威」から自分を守り、家族や組織を守っていかなければならないのです。

この新しい形の「教養」は、「自分の頭を武器に生き残る能力」と言い換えることもできるでしょう。そして、私が知るなかでその能力をもっとも備えているのが、佐藤優さんだと思っています。

とにかく知識がものすごい。それも単なる博識というのではなく、外交官として身につけた現場の、しかも表世界と裏世界両方の知識と、膨大な読書量や研究に裏づけられた知識が結びついています。だから、佐藤さんの主張は強く、非常に説得力があるのでしょう。

佐藤さんと私は、のべ10時間以上にわたり、「新しい教養」とは何か、その要諦は何かを徹底的に話し合いました。そこで改めて思い知ったのは、「新しい教養」の重要性です。**新しい教養があれば、混乱が広がり予測不能なこの世界を読み解き、生き抜くことができるということ**です。

本書では、佐藤さんが提示した「10のキーワード」をわかりやすく解説します。これらのキーワードさえ押さえておけば、新聞・雑誌・テレビ・インターネット・書籍などで膨大な情報に接しても、頭の中がうまく整理でき、理解が進むでしょう。

気になるキーワードについて、同僚や友人と議論してもいい。関連する本を読んでさらなる理解を深め、自分の得意な分野を広げていってもいいでしょう。

読者が、そんなふうに本書を役立て、「新しい教養＝知の武装」によって難しい世界を生き抜いてくだされば、こんなにうれしいことはありません。

プロローグ

なぜ「10のキーワード」なのか？

佐藤 優

この予測不能な世界をどのようにして読み解くか？

２０１７年１月20日に誕生したトランプ米大統領が、これまでの常識と大きく異なる発言や政策を連発して、世界を震撼《しんかん》させています。ところが、当のアメリカをはじめ多くの国で、ほとんどのメディアも専門家たちも、大統領選挙でトランプ候補が当選すると予測できませんでした。

このことは、いまの世界をよく象徴しています。一言でいえば、**現代の世界は不確定な**

変数が多すぎる方程式のようなものです。容易に計算できず、正確な答えを導き出せません。一つの変数が大きく動くだけで、まったく異なる結果を生じることもあります。

選挙や国民投票の結果予測は、どの国でもきわめて難しくなっています。EU（欧州連合）離脱の是非《ぜひ》を問うイギリス国民投票（16年6月）でも大方の予想は残留でした。17年にはオランダ議会選挙、フランス大統領選挙、韓国大統領選挙、ドイツ連邦議会選挙などが予定されていますが、どの政党が勝ち、誰が国の代表になるか、自信をもって見通せる人はいないでしょう。

こんな「予測不能」な世界を読み解いていくには、どうすればよいでしょうか。

一つの有効な方法は、いまの世界に特有な潮流（トレンド）を、まず大づかみにとらえることです。世界には政治、経済、社会、軍事、文化、科学、宗教など、さまざまな要素があります。そのそれぞれに地理的、歴史的、地政学的な背景があります。これらが合わさって潮流をつくっています。

ある国がどんな新政策を打ち出すか、ある国の選挙で勝つのは誰かといった個別の結果は、さまざまな潮流が組み合わさった流れのなかで表われてくるはずです。ならば、三つの潮流があったが、最近一つが目立って強くなってきたから、その強い潮流を牽引《けんいん》する誰《だれ》某《それ》が国のリーダーになる可能性が高い、といった分析ができるでしょう。

そこで田原総一朗さんと私は、今回の対談を通じて、現代世界に顕著になってきた大潮流をキーワードとして提示し、読者が世界を読み解いていくための手がかりにしてもらおうと考えました。

対談を終えたいま、議論を交《かわ》したキーワードのうち主なものを改めて紹介して、みなさんへの指針としたいと思います。

このキーワードが世界を読み解く重要な手がかりになる

まず、**政治の世界では「ポピュリズム」（大衆迎合《げいごう》主義）「反知性主義」というキーワードが挙げられます。**小泉純一郎、安倍晋三、橋下徹といった日本の政治家たち、海外ではフランスのサルコジ、アメリカのトランプなどに当てはまります。

反知性主義とは、客観性や実証性を軽視または無視し、感覚や感情を基準として自分の

欲するように物事を判断することです。ホーフスタッターというアメリカの歴史家が著書『アメリカの反知性主義』（1963年）で唱えた概念で、もともとは、「知的でなく教養に欠けた大衆は、知的権威やインテリのエリート層に導かれるべきだ」という考え方に異議を申し立て、民主主義を称揚する言葉でした。

子どもじみた議論で熱くなる、敵をつくって理不尽な攻撃を加えるという政治家も、国を問わず見かけます。「ヘイト」（憎悪）もキーワードの一つでしょう。

国民や大衆に、政治への無関心や、どの党に投票しても何一つ変わらないという無力感が蔓延《まんえん》していることが、旧来型の政治はどうでもいい、とにかく世の中を変えてくれという気分を生み、それに応じるように見える政治家が登場します。

その背景や土台として「**ナショナリズム**」（「民族主義」と「国家主義」）「宗教の復権」が、人びとの間で力を得てきたことも無視できません。これらは戦後半世紀近く、東西対立のなかで封じ込められてきましたが、冷戦終結でどの国・地域でも一気に噴出し、コントロールが難しくなっています。

恐れるべきは、ポピュリズムや反知性主義とナショナリズムが合体してしまうこと。戦前のナチズムが、まさにそれでした。つまり現代は、**「民主主義の危機」に瀕した時代な**のです。

アメリカをはじめどの国も、昔から国益が重要といっていました。それがいまや「**自国第一主義**」を掲げるようになっています。自国第一で相手の立場や都合を考えない各国の行動パターンは、かつての帝国主義によく似ています。**キーワード「自国第一主義」は「新・帝国主義」と言い換えてもよいでしょう。**

「ランドパワー」と「シーパワー」の闘争から目を離すな！

世界を分析するツールとして、いま地政学がちょっとしたブームです。私もタイトルに地政学と銘打つ本を5冊ほど書きました。

地政学の開祖と目されるイギリスの地理学者で政治家のハルフォード・マッキンダーは、**「人類の歴史はランドパワーとシーパワーの闘争の歴史である」**といっています。

「ランドパワー」は国が持つ陸地に由来する力。ロシア、中国、ドイツなど大陸国家のランドパワーから目が離せません。対する**「シーパワー」は海洋国家の力**。かつて七つの海を支配したイギリス、西太平洋を支配した日本が典型です。

ヨーロッパから流れてきた移民がつくった**アメリカ**は、伝統的に旧大陸から距離をおく「モンロー主義」「孤立主義」**「非介入主義」**の国ですが、いざ出ていくときは海軍か海兵隊を送る海洋国家。実は陸軍は弱く、海軍戦略家マハンの『海上権力史論』を生んだ**シーパワーの国です**。第七艦隊や在日米軍基地は、マハンの教えそのままなのです。

ヨーロッパでは、ランドパワーを秘めたドイツが、国境線を動かさず領土も広げないままに、EUの盟主として支配を強めています。**「汎《はん》ゲルマン主義」**といっても「ドイツ帝国の膨張」といってもよいでしょう。東欧の自動車メーカーを傘下に入れて安い車をつくらせる、東欧に原発を建設させ自国の電力を賄《まかな》うというのは、ナチスドイツが暴力的にやろうとしたことを平和裡に実現しているのだ、といえなくもありません。

巨大なランドパワーの国ロシアには、伝統的な「ユーラシア主義」が根強くあります。軍事力を背景としながら、クリミア半島を一応〝民主主義的な手続き〟をへて編入して国境線を変更し、ウクライナを中立化（フィンランド化）させようという動きは、その表われです。

ランドパワーは陸地の潜在的な力――地下に眠る鉱物資源も含みますが、たとえば巨大なウラン鉱床《こうしょう》があっても、原子力技術がなければパワーは顕在化しません。鉱物を掘り出して使う技術やカネをどこから調達するか。そう考えれば、ロシアが米石油メジャーと組む理由も納得できます。ロシアが極東州開発で日本と組もうと思えば、北方領土を動かそうとするかもしれません。

ランドパワーの中国は、中央アジアの資源に目をつけ、ＡＩＩＢ（アジアインフラ投資銀行）で各国に融資すると同時にインフラ建設のために労働者を送り込み、自国のエネルギー需要を賄おうとしています。ただし、アフガニスタンやパキスタンに隣接するイスラム地域は「ＩＳ（イスラム国）」化（第二ＩＳ化）のリスクが少なからずあります。中国は弱点と自覚するシーパワーの充実を狙って、南シナ海の海洋進出にも熱心です。

「グローバル化の先」は、やはり「グローバル化」しかない

社会・共産主義が倒れたあとの「資本主義」は、「新・自由主義」として世界的な「格差拡大」をもたらしています。

東側諸国が世界市場に一気に参入し、同じころ「インターネット」「コンピュータ」に代表されるＩＴ技術が急速に発展普及したため、「グローバル化」も進みました。**人・モノ・カネ・情報が世界を自由に駆けめぐるグローバル化の先に、何があるかといえば、やはりグローバル化です。**

インターネットで一度スカイプやフェイスタイムを始めれば、かつての国際電話には二度と戻れません。ウェブサイトも、フェイスブックやツイッターのようなＳＮＳもそうで、旧来のメディアを急激に浸食しています。いまやＳＮＳで大統領が新しい政策を吹聴《ふいちょう》し、テロ集団が自爆要員を募る時代なのです。

グローバル化の時代には、自由に行き来するものの価格、つまり通信費や労働者の賃金が世界一律へと収斂《しゅうれん》していきます。東京でアジアの人たちが働く店の賃金は、彼らの水準まで落ち、日本人が勤めても同じです。これも「格差拡大」の原因になります。

実はこれが日本のデフレ（物価低下）の一因ですから、アベノミクスでマネー供給量をいくら増やしても、物価を1～2％上げることすらできないわけです。

新しい「サイバー」空間が広がれば広がるほど、かつてなかったサイバー戦争、サイバー犯罪、サイバーいじめなどが増え、社会の脆弱性《ぜいじゃくせい》も拡大しています。

昔は停電しても黒電話が通じたし（電話線から電力が供給される）、明るいうちは書類も読めた。ところが現在は、停電すると（無停電電源装置がない限り）パソコンが停止し、電子化された書類が読めない。紙の辞書や事典は処分してしまったから、ノートPCやスマホの電池が切れたら最後、調べものすらできない、という事態になります。

パソコンの基本ソフト（OS）は知らないうちに自動アップデートされています。便利な世の中になったものですが、それが可能ということは、マイクロソフトやアップルがその気になれば、日本中のパソコンをいきなり停止させることすらできるわけです。

この力を「サイバーパワー」と呼び、ランドパワーやシーパワーと並べて論じるべきかもしれません。

そんなパワーを民間企業が持つのが現代です。企業や経営者が中小国家を上回る経済力を持っても不思議はありません。われわれは、机の上やカバンやポケットの中を、ビル・

ゲイツやスティーブ・ジョブズの会社に平和裡に占領された、というべきでしょうか。

こんな状況が、人びとの働き方を変え、「経済成長」の進捗《しんちょく》を左右し、資本主義の今後を規定していきます。「ＡＩ」（人工知能）や「ロボット」も、21世紀を見通すキーワードとして欠かせないでしょう。


いかがですか。以上のようなキーワードこそが世界を読み解く重要な鍵だ、と田原さんと私は考えています。これを頭の片隅において対談を読み進めれば、世界の動きがすとんと腑《ふ》に落ちて理解でき、自分なりの予測を立てて行動することもできるはずです。

複雑で予測不能なこの世界を知るには、過去の知識や理論の寄せ集めにとどまらない、新しい時代の〝教養〟が必要だと思います。ここに挙げたキーワードは、いまに生きる教養人にとって必携の重要用語ともいえるでしょう。

本書が読者のビジネスや学びに役立つことを、私たちは心から願っています。

この世界を知るための教養◉目次

第2章

アメリカの今後を知るための教養

「新・帝国主義」「非介入主義」

第3章
ヨーロッパ世界を知るための教養
「汎ゲルマン主義」「シーパワー」

第4章
ロシア・中国を知るための教養
「ユーラシア主義」「ランドパワー」

第5章

これからの世界を知るための教養

「グローバル化」「第三次世界大戦」

第1章

これからの日本を知るための教養

本章を読み解くキーワード

＊ポピュリズム

＊ナショナリズム

共産主義に資本主義、民主主義は「勝った」のか？

田原　東西冷戦が終わって東欧圏やソ連が崩壊した直後の１９９２年、アメリカの政治経済学者フランシス・フクヤマが『歴史の終わりと最後の人間』（邦題『歴史の終わり』）という本を書きました。

歴史の終わりを一言でいえば、世界で民主主義と自由経済が最終的に勝利したから、もう政治体制を破壊するような戦争や革命は起こらない、と。この意味で従来のような歴史は終わる。しかし民主主義と資本主義は続き、自由で平和な世界が安定して維持されるのだ、という話でした。この本が出て25年。四半世紀たって世界を見わたすと、たしかに社会主義や共産主義は姿を消しました。

佐藤　共産主義と標榜する国家は、北朝鮮、キューバなどごく一部の国に、理想とはまったく異なる形で細々と続いているだけですね。

田原　でも、**「民主主義が勝った」といえるのか？**　西欧の先進的民主主義国を含めて世界各地で極右勢力が勢いづき、テロも横行して、民主主義を危うくしている。日本でヘイトスピーチが問題になったけど、アメリカでも人びとの憎しみ（ヘイト）を煽《あお》り、民主的手続きを無視した発言を繰り返す不動産王トランプが大統領になった。**世界は、民主主義の危機を迎えている**と思います。

佐藤　ＩＳ（イスラム国）は〝世界イスラム革命〟を目指し、唯一神アッラーの法（シャリーア）のみが支配する中世カリフ帝国を、この21世紀の世界に本気で築こうとしています。自由・民主主義にも、資本主義の市場経済にも反対で、それを叩きつぶすという。自由でも平和でも安定でもない、フクヤマの仮説とは真逆の方向です。しかもそのＩＳの主張に呼応して、世界各地でテロが頻発してしまう。

田原　「自由経済も勝った」はどうか。社会主義になると困るから労働者に優しかった資本主義は、その懸念がなくなって〝むきだし〟の資本主義、つまり新・自由主義経済になった。その結果、**世界中で格差が拡大し、国の分裂状況を招いています。**アメリカは金持ち1％と残り99％に分裂。イギリスもＥＵをめぐる国民投票で国論が分裂。どうやら、資本主義は崩壊しつつあるとすらいえるのではないか。

というのは、トランプが大統領になれたのは、アメリカ国民の多くがグローバル化に耐えきれなくなったから。新・自由主義と、人・モノ・カネ・情報が世界を自由に行き来するグローバル化の結果、たとえばデトロイトから、自動車ビッグ3（GM・フォード・クライスラー）をはじめ工場がどんどん出ていった。デトロイト市は2013年に全米一の負債180億ドル（約2兆円）をかかえて財政破綻《はたん》してしまった。

一方で各国から安い製品がどんどん入ってくるから、アメリカは失業率が高く、給料も上がらない。そこで「グローバリズムをぶち壊す」「ラストベルト（錆びついたベルト地帯）に工場を取り戻す」と叫んだトランプが当選した。

アメリカが「世界の警察をやめる」と、日本から米軍が撤退するのか？

田原　トランプはさまざまな問題で世界を震撼させているわけで、まず、日本に大きく影響する安全保障の問題から議論したい。トランプは「アメリカは世界の警察をやめる」と言いました。**そこで日米安全保障体制や日米同盟は、どう変わるのか、あるいは変わらな**

いのか?

アメリカは、東西冷戦が終わりソ連から極東を守る必要がなくなると、世界各地で民族紛争や宗教紛争が噴出してくるのを見越して、「集団的自衛権を行使しないことが日米同盟の障害になっている。何とかせよ」と、アーミテージあたりを通じて繰り返し伝えてきました。そこで15年7月、安倍晋三内閣は集団的自衛権の行使容認を決めた。

僕は安倍さんに会って「衆院で自公の議席が3分の2を超えていたところに、16年7月の参院選で3分の2を取った。いよいよ憲法改正ですか?」と聞いたんです。すると安倍さんは、「実は大きな声ではいえないけど、憲法を改正する必要はないんです」といった。やいのやいのと以前はうるさかったが、集団的自衛権を容認したら、アメリカはまったく文句をいわなくなった。だから急ぐ必要はないというんです。

とはいえ、日本の国家安全保障はアメリカ頼みで、矛盾だらけ。そこにトランプが世界の警察をやめると。彼は、日本が出している思いやり予算について知らないうちは、カネを出さなければ在日米軍を引き揚げるとまでいった。これはあとで撤回しましたけどね。そこで佐藤さんに質問。米軍が日本から撤退することは、ありえますか?

佐藤　ないと思います。

田原　日本は西側陣営の東の端に位置する。まさに極東にあって、北朝鮮・中国・ロシアというかつての東側諸国に囲まれている。だから戦後アメリカが日本を守るといったのは、日本を守るのではなく、実は西側陣営の極東を守ることだった。そのために日米安保条約もできた。ところが世界の警察をやめてロシアとも仲よくするなら、在日米軍をこれまで通り置き続ける必要はないでしょう。なぜ、米軍撤退はない？

佐藤　**アメリカのメリットになりませんから。**日本がこんなにカネを出してくれて、東京も沖縄もアメリカ以外でこんなに快適な生活ができる。**海外に出ている米軍にとって、これほど満足できる場所はないから、その環境を放棄したくない。**

アメリカに従属しているのは、一流国の証である

田原　すると日本は、自前の安全保障なんて考えなくてよい？

佐藤　日本は、自前の安全保障は充分考えていると思います。しかし、**その自前の安全保**

障はアメリカの世界戦略のなかの一部を占める。それでいいんです。それが日本型の自前の安全保障なんです。

オーストラリアもそうですよ。あの国もオーストラリア型の自前の安全保障。小さいながら一つの大陸ですが、オーストラリア軍は総兵力5万8000人しかいません。人手不足で潜水艦が動かないなんて話もあって、米軍と一緒でなければどうにもならない。

田原 日米同盟は大事で、揺るがない。アメリカにもたれかかっても問題はなく、日本は軍事的な自立なんてことは、絶対に考えないほうがいい？

佐藤 日米同盟は大事です。これは現下日本の〝与件〟（大前提として与えられた条件）と考えるべきです。自立した軍隊を持つのはやめたほうがいいと思います。

そもそも、アメリカから軍事的にも経済的にも完全に自立している国といえば、ロシアや中国は除くとして、北朝鮮、イラン、それにアフリカあたりの名前も知らない国くらいです。アメリカに従属していることは、一流国の証《あかし》なんです。アメリカも相手にしてくれない国となったら、これはよくないですよ。

トランプが何を言っても、日米同盟の基本的な枠組みは崩れない

佐藤　現在の**日米安全保障や日米同盟の基本的な枠組みは、トランプが何を言おうとも崩れないと**思います。これは皇室典範の改正問題と絡んでくる問題です。国体護持などというときの「国体」は、天皇を中心とする秩序の意味ですが、別に戦前だけではなく今日もあるんです。戦後日本の国体、**戦後のこの国を日本国たらしめているものは、日米同盟と結びつく形で成立している、**と私は思います。

田原　太平洋戦争でアメリカに負けた日本は、アメリカの庇護のもと、アメリカ的なものを受け入れ、アメリカの示唆も入れて、新憲法をつくり、そこで象徴天皇という新しいシステムを掲げ、アメリカには日本にずっといてもらった。それが日本の戦後だ。現在の天皇という存在とアメリカの存在は一体といえるんだ、とそういうことですね。

佐藤　ということは裏返すと、**日本が自主国防体制を築いて軍事的に自立すれば、皇統の危機、国体の危機につながる恐れがあります。**戦前から敗戦まで、陸軍の暴走によって日

本は国体の危機に瀕《ひん》した。ここのところのＤＮＡは、皇室にも日本の指導層にも確実に植えつけられたと思います。二度とそれを繰り返してはならない、と。だから、安倍政権のいう「戦後レジームの脱却」的なものに対して、皇室はつねに冷ややかです。

田原　うん、それはよくわかる。

佐藤　現天皇の次男である秋篠宮さまは、次女の佳子さまをなにゆえにＩＣＵ（国際基督教大学）に入れたのか。ＩＣＵはＧＨＱ（連合国軍総司令部）最高司令官マッカーサーが募金委員長、昭和天皇の弟・高松宮が日本のヘッドとなって１９５３年につくった学校ですよ。環境のよい郊外で少数精鋭の授業をするアメリカ型のリベラルアーツ・カレッジに倣《なら》ったキリスト教プロテスタンティズムの大学で、アメリカ流のざっくりとしたキリスト教的な価値観や自由や民主主義やディスカッションを重視している。

まさに戦後国体にふさわしいそういうものを、皇室を担う名字のない人たちが、ちゃんと受け継いでいくんです。佳子さまのＩＣＵ進学を、私は皇室の戦後国体に対する忠誠の証と見ました。だから、自主国防体制となれば、再び皇統の危機が訪れてしまうという危機意識が、皇室にも日本のエリート層にも走ると思います。

安倍首相がやっているのは「戦後レジームの完成である」

田原　２０１６年12月、大晦日《おおみそか》の『朝まで生テレビ！』で天皇の生前退位問題を取り上げた。僕は「安倍さんが選んだ有識者のうち少なくとも7人は、実はいまの天皇が気にくわないか、嫌いなんだ」といった。

というのは、天皇は、沖縄、サイパン、ペリリュー島などを、先の戦争は間違った戦争だったという反省と、犠牲者慰霊のために訪れている。謝罪の言葉は口にしなくても、すまなかったという心からの思いがある。ところが、安倍さんが選んだ有識者7人は、先の戦争は間違った戦争などではなく、勝者が敗者を裁いた極東国際軍事裁判（東京裁判）こそが間違いだったと考えている。しかも、いまの天皇は、憲法を守らなければという立場。だから改憲を目指す保守派は、天皇のやっていることや考えていることが気にくわない。だから、生前退位についてもいろいろ文句があるんだ、と僕は発言したんです。

日本の戦後をつくったのは、ＧＨＱ最高司令官のマッカーサーと昭和天皇だった。戦後のさまざまなシステムは、二度とこんな間違った戦争はしないという日本人の痛切な願いからつくられた。敗戦から70年以上たって、日本は間違ってなかったなんて後付けの理屈は通用しない。そこの歴史は修正できない、と僕は思っている。

佐藤　その通りだと思います。それが日本の戦後の出発点で大原則だから、崩してはいけないんです。ちゃぶ台返しは、やってはいけない。

マッカーサーと昭和天皇の存在も言動も消すことはできないし、日本と世界との関係でいえば、**1951年のサンフランシスコ講和条約は絶対に壊すことはできません。**こういうものを外交の業界用語で「処分的条約」といいます。自主国防論は、そんな大前提を崩す危険があると思います。

田原　安倍さんの主張する「戦後レジームからの脱却」は危ない？

佐藤　**戦後レジームからの脱却は結局、見果てぬ夢になるでしょう。**戦後レジームからの脱却といいながら、安倍さんが実際にやっているのは戦後レジームの完成ですよ。

安倍首相の靖国参拝は、自公連立の根源にヒビを生んだ

田原　２０１３年12月26日、安倍さんは靖国神社に参拝した。その前に米国務長官と国防長官がそろって東京・千鳥ヶ淵を訪れ、花輪を捧げて戦没者を慰霊している。われわれが戦争犠牲者のためにお参りする場所はここだ、と明確なサインを送ったんですね。にもかかわらず首相が靖国に行ったから、アメリカは大いに失望した。**このときアメリカは、安倍政権への見方を変えた**と思う。

佐藤　そこは非常に重要なところだと思います。その日、同時に、自公連立政権の根源的な部分にヒビが入りました。**公明党や、彼らの支持母体である創価学会の教義からすると、首相の靖国参拝は容認できる範囲を超えています。**

田原　どういうことですか？

佐藤　創価学会初代会長の牧口常三郎は、伊勢神宮についてなんといったか。伊勢神宮に神様はいない。天照大神《あまてらすおおみかみ》はおらず、鬼神がいるといっているんです。その発言一発で、

不敬罪と治安維持法違反でしたが。公明党も創価学会も、初代会長と同じドクトリンですから、靖国神社に英霊はおらず、代わりに鬼神がいるはずなんです。

創価学会員は、お稲荷さん（稲荷神社）なんて行かないでしょう。お稲荷さんに日々お参りして拝むと、拝んだ対象に自分が似てきて、キツネみたいにぴょんぴょん跳ねるようになったり、キツネみたいにずるくなっちゃう。御利益をそういう場所に求めて拝んだらいけませんよ、と創価学会は教えています。創価学会員が靖国神社の鬼神を拝んだら、鬼神が乗り移っちゃうじゃないですか。

田原 創価学会が、そういっているの？

佐藤 いや、創価学会のドクトリンからすれば理論的にそうなる、という話です。

安倍政権の行きすぎは、公明党が修正してきた

佐藤 安倍さんがヘンな、逆コース的なふるまいを始めたのは13年12月の暮れ以降。それまでは問題なかったけど、以降はときどき踏み外す。でも、**それは全部、公明党がねじり**

返しているんです。戦後70年談話にしても、集団的自衛権にしても、安保法制にしても、全部ねじり返して、少しずつ修正させていますね。

最近ではカジノ法案がそうです。一見、些細な問題に見えますが、公明党の山口那津男さんと井上義久さん、つまり連立与党の代表と幹事長が反対するなんて、前代未聞のことです。ということは原田稔・創価学会会長にアクセスできる人たちが、みんな反対しているんです。

裏返せばカジノ法案は、期せずして公明党所属の国会議員に、「自民党を取りますか。創価学会を取りますか」という踏み絵を踏ませてしまった。私は聖教新聞を注意深く読んでいます。聖教新聞に、ギャンブルに狂っていた夫が信心を持つようになったら生活がまともになった、というような体験談が出たら要注意です。

田原　まだ出ていないんですか？

佐藤　ええ。その種の記事が集中していくつか出るようになれば、相当はっきりしたカジノ反対姿勢。学会婦人部が反対しているというような問題ではなく、創価学会本体との大きな話になると思う。ここに自民党は気づいていません。

カジノ法案とほぼ軌《き》を一《いつ》にして、東京都公明党が東京都自民党と袂《たもと》を分かちました。そもそも創価学会は東京都の認可団体です。いったん訣別したら、都議選どころか総選挙のとき東京で自公協力なんてできませんよ。自民党はこのあたり、公明党や創価学会を甘く見すぎているんじゃないかと思います。

沖縄の問題もそうですが、何が創価学会や公明党の琴線《きんせん》に触れて、何が逆鱗《げきりん》に触れるかということを、よくわかっていないんです。

沖縄で流血事件が起これば、独立したいという機運は抑えられないものになる

田原 その沖縄問題、佐藤さんはどうとらえていますか?

佐藤 **沖縄問題は、いまや民族問題の中期段階に入ってきました。**沖縄にとって、日本の法規がどうなっているとか日本政府がどうするということはもう関係なく、自己決定権の問題である、と。このままでは流血の事態が起こるでしょう。流血はどちら側なのか。日

本の警官か、役人が死ぬか。あるいは沖縄の活動家か、市民が死ぬのか。そういった状況次第で、局面はガラッと変わってきます。

田原　もはや沖縄問題は民族主義、ナショナリズムの問題というべきなのか。

佐藤　私はそう見ています。沖縄でいちばん怖いのは、衝突など混乱のなかで日本の警官か日本の役人が死んでしまうケースです。そうなれば、日本のナショナリズム（国家主義）が「沖縄、ふざけるな！」という形で激高するわけで、以後すべてを力によって実行していくことになる。

　すると基地の問題が、沖縄の本格的な分離運動になっていく。こちらは沖縄のナショナリズム（民族主義）。独立運動までいくかどうかわかりませんが、沖縄は日本から分離したい。沖縄は、日本人がもう嫌なんだ、となりかねません。

「ナショナリズム」には、「国家主義」と「民族主義」の二つがある

佐藤　各地で勃興《ぼっこう》している「ナショナリズム」は、現代世界をとらえる非常に重要なキー

ワード。ただし、日本では「民族主義」「国民主義」「国家主義」「国粋主義」などさまざまに訳されて、混乱が少なくない。ちょっと解説しておきましょう。

『民族とナショナリズム』を著《あらわ》したイギリスの社会人類学者アーネスト・ゲルナーは、ナショナリズムを「政治的な単位と文化的・民族的な単位を一致させようとする思想や運動」と定義しました。政治的な単位とは、ふつうは「国(国家)」ですが、国は歴史的につねにあったわけじゃない。人類が先農耕(狩猟採集)社会の段階に国はなかった。農耕社会の段階には国がある場合もない場合もあった。産業社会の段階には必ず国がある。産業を成立させるには人びとが読み書き計算をできなければならず、それには公教育が必要で、それができるのは国だけだからです。

では文化的・民族的な単位とは何かというと「民族」です。民族は文化を共有し、われわれは同じ民族だと信じる人びとの集団です。その国と民族を一致させるのがナショナリズムだから、ナショナリズムは近代以降、とくに国が人びとを一つにまとめる方向で強調されてきました。この意味のナショナリズムは「国家主義」とほぼイコールです。

ところが、そもそも国と民族は一致しない場合が多いから、ナショナリズムはさまざまな表れ方をする。たとえば沖縄の人びとが、われわれは本土とは違う、日本とは一緒にやりたくない、一つにまとまろうと運動すれば、このナショナリズムは「民族主義」です。逆に、それを阻止して沖縄を日本にとどめようという運動は「国家主義」ですね。

田原　なるほど。どちらも英訳すると「ナショナリズム」になってしまうんだ。とりあえず、ナショナリズムのなかに「民族主義」と「国家主義」の二つの方向性があると思えばいい？

佐藤　それでいいと思います。北アイルランドでは、アイルランド人がイギリス連合王国から分かれてアイルランド国に属したいと思う。これは民族主義。スコットランドでは、スコットランド人が自分たちだけで国をつくりたいと思う。これも民族主義。同じ民族主義でも、前者は新しい国ができない、後者は新しい国ができるというように、表れ方が違う。そうなるまでの道筋も課題も大きく異なるんです。

辺野古の問題がこじれた最大の原因は、「埋め立て利権を求める人たち」にある

田原　米海兵隊普天間飛行場の移設問題は、1996年4月に橋本龍太郎首相とモンデール駐日大使との間で日米合意した。橋本さん、小渕恵三首相のときの野中広務さんなどが沖縄全島を歩いて説得し、沖縄は県内移設を一度オーケーしたんですね。

佐藤　ええ。ただし、**辺野古《へのこ》埋め立てはオーケーしていません。キャンプ・シュワブ内で滑走路を延長し、それを軍民共用にして10～15年後に返還するという話だった。**米軍基地内ならば、知事の許可も必要なく、抗議のしようもないんです。これは、鈴木宗男さんと比嘉鉄也さんがまとめた話です。

　鈴木さんが中川一郎の秘書だったころ、名護市議会議員だった比嘉さんがサトウキビ価格の問題で陳情に来た。役人がけんもほろろで追い返すところ、鈴木さんが助け船を出して陳情を通したことがあって、そのときの恩返しです。

田原　なぜ埋め立てることにしたんですか？

佐藤　鈴木さんがいなくなっちゃったからですよ。いつのまにか埋め立て利権を求める人たちが入ってきて、どんどん広がっていってしまった。

田原　すると、事態をこじらせたのは民主党と思ったら間違いで、もっと前の自民党時代からごたついていたのか。2009年に鳩山由紀夫さんが総理大臣になり、「最低でも県外」と言い出した。僕は当時、岡田克也外務大臣に取材して「岡田さんは辺野古と言うけど、鳩山さんは『最低でも県外』と言う。首相に辺野古だと伝えたのか」と聞くと、「言った」と。ところが鳩山さんは「君らには君らの考えがあるだろうが、自分には自分の思惑がある。大丈夫まかせとけ」といった。総理大臣が任せろといえば、閣僚は「わかりました」と引き下がるしかない、と岡田さんは話していた。

佐藤　問題がこじれた最大の原因は、埋め立て計画にしてしまったこと。自民党は利権の絡みがものすごく、**辺野古問題は埋め立て利権そのものです**。辺野古と決まった後も滑走路がずるずる沖にせり出して、より多く砂利を使う計画に変わっていった。当初の比嘉・鈴木案通りならば片づいていたんです。ただ、いまさら元に戻そうとしても、もう無理です。生卵がゆで卵になっちゃったようなもので、もう戻りませんね。

公明党の動きを見ていれば、沖縄問題がどう動くかがわかる

田原　すると佐藤さんがいうように、反対運動側の沖縄の人が傷つくか亡くなるか。あるいは政府側の機動隊のほうが傷つくか亡くなるか。どちらかの事態が起こる？

佐藤　このままだったら、そうなります。その先は本当に読めません。しかし、**沖縄を除いた日本全体に危機意識が薄すぎる**ことは間違いありません。

沖縄に関しても公明党の動きを見ていればよい、と私は思います。沖縄公明党の主張は、辺野古阻止、普天間閉鎖、海兵隊撤退です。**この公明党ラインでまとめれば、沖縄問題はうまくいくんです。**

田原　なんで公明党ですか？

佐藤　公明党は基本、創価学会ベース。そして、創価学会は日本の宗教です。**だから創価学会にとって、どうすれば沖縄を日本にとどめておけるかは、死活問題なんです。**創価学会・公明党ラインの解決ならば、沖縄の分離運動は回避できます。

自公連立政権の一翼《いちよく》を担《にな》っている公明党代表の山口さんは、本来ならば沖縄県公明党に対して「東京でこう決めたんだから、従ってもらわないと困るな」と、これくらい言ってもよいはずでしょう。でも、一言も言っていません。なぜか？　山口さんに等身大の正確な沖縄情報が入っているからです。しかも、山口さんのところには党情報も学会情報も入る。学会員は、同じ信仰を持っている人たち同士で嘘はつきませんからね。

ところが、そんな沖縄の正確な情報が、安倍さんには入っていないわけです。

トランプは、不動産王ならではの判断を普天間問題でやるかもしれない

田原 **アメリカが世界の警察をやめるなら、沖縄に海兵隊なんて要らないでしょう。**海兵隊は、ベトナム戦争、湾岸戦争、イラク戦争、アフガン戦争といった戦争をするとき、アメリカが最初に投入する機動的な即応部隊として必要な存在なのだから。

佐藤 私もそう思います。抑止とは直接関係ないですから。**抑止は核兵器があればいいし、3700m滑走路2本がある日本最大級の飛行場の一つ嘉手納《かでな》米軍基地に、在日米空軍の主力部隊がいます。**ロシアや北朝鮮や中国を見張る戦闘機部隊は三沢や岩国にいるし、世界最強の米第七艦隊・空母打撃群が日本列島を母港としているわけですからね。

田原 では、普天間問題は、トランプ政権の誕生でどうなりますか？

佐藤　単純な話で、トランプが安倍さんに発する質問はたった一つだと思います。**「辺野古の海兵隊基地は、本当にできるのかい？」**とね。日本側はできるできると言い続けているが、日米合意から20年以上もたって、何一つできていない。現行計画では合意から30年後に間に合うかどうかすら不明。本当にできない話ならば、次の手を打とうと。

トランプの頭のなかには、辺野古どころか沖縄も、まだ全然入っていません。でも、いったん頭に入れれば、トランプは不動産王ですから、これはものすごく筋悪の地上げで、施主がふらついているうえに、権利者も混乱し、工事目当ての業者どもも暗躍する面倒くさい案件だとわかるでしょう。ならば、地上げ屋や機動隊を使っても中央突破でいくか、それとも諦めるか。そのあたりの見切りをつけるのは早いはずだ、と思います。

安倍首相はトランプに「辺野古への移設は無理だ」と言えばいい

田原　安倍さんはトランプに「非常に難しい」と正直に伝えればいい。

佐藤　ある意味では安倍さんにとってもきわめて単純な話です。沖縄に行き、こう言えばいいんです。

「辺野古への普天間移設をぜひやりたいと思い、米海兵隊のプレゼンスは中国にもインパクトを与えて意味があると考えていた。しかし、たいへん不本意であるが、この状況では辺野古はもうできない。民家が迫って危険性のある普天間も閉めなければならず、海兵隊に沖縄から出ていってもらわざるをえない。だから、そう決めました」。

そう言った瞬間、安倍晋三首相を日本でもっとも熱烈に支持するのは沖縄県になる。同時に、米軍は未来永劫、嘉手納基地と那覇新軍港を使えると保証すればいい。実はSACO（沖縄に関する日米特別行動委員会）プロセスの本質は、辺野古を除いて考えても沖縄の負担軽減ではなくて基地機能の強化なんです。普天間と辺野古はなくなっても、サイバー戦ができる施設などをいっそう充実させ、基地機能を実質的に強化することはできる。そのために最大限協力しましょう、と沖縄のほうからいいますよ。安倍さんが、これまでとまったく異なる、大きな歴史的な政治決断をしてくれるのであれば。

田原　菅義偉《すがよしひで》官房長官は、どうして沖縄問題にあんなに熱心なんですか？

佐藤　官房長官は、手を染めた段階でこれなら解決できそうだと思って、のめり込んでしまい、〝損切り〟ができなくなっているんです。菅さんが話を聞く相手は、最初は前知事の仲井眞弘多さん、その後は下地幹郎さん、島尻安伊子さん、いまは鶴保庸介さん。筋悪の人たちから「できますよ。できますよ」とねじ曲がった話ばかり聞いている。

すでにチップを何度も置いては取られているんだけど、また「もうちょっと置けば逆転できますよ」といわれて抜けられない。ギャンブルが非常に悪い流れに入っているような感じです。しかも、二階派を率いる自民党総務会長の二階俊博さんが距離を置いている。菅さんが手を引けば、二階さんの勝ちになる。だから党内力学から見ても、菅さんは突っ込むしかないでしょう。

辺野古を埋め立てなくても、アメリカが納得する方法はある

田原　安倍さんはトランプに「やっぱりもう無理だ」と言えるかどうか。
佐藤　そうです。「私はやりたいが、申し訳ない。私の力不足で日本政府も限界だ」と率直に言うべきです。沖縄と日本本土は、民族的にも歴史的な経緯も違う。このままいけば

分離運動を招きかねず、何とか折り合いをつける必要がある。しかも、そもそも返還合意のきっかけとなった1995年の少女暴行事件以来、沖縄の人びとの対米感情は鬱積《うっせき》し続け、2016年には米軍属の殺人事件もあって、反米運動に火がつく危険性すらある。

米軍にとって沖縄で本当に守らなければならないのは嘉手納空軍基地でしょう。近代化された那覇空港もあり、その他の海兵隊基地もあるから、これらをきっちり守っていけば抑止力の維持も充分なはず。自衛隊も展開していて、たとえば久米島には中国情報を取る重要なレーダーサイトがある。こういうものを基盤にして、日米間のインテリジェンス協力もさらに緊密にしていく、と持ちかければいいんです。

田原　辺野古を埋め立てなくても、普天間を閉鎖しても、これだけすごいものを渡しますよ、とね。

佐藤　**東京の最大の間違いは、沖縄県知事の翁《お》長《なが》雄《たけ》志《し》さんを「自分たちの敵」と思ってしまったこと**です。翁長さんはもともと自民党で、日米同盟にも集団的自衛権にも賛成している。日本の中の沖縄にとどめるためには、歩留まりが重要なんだという主張の人で、そこにブレはない。それなのに敵と思ってしまったのが最大の誤りです。

このままで流血の事態になったり、日本からの分離を求める突き上げが強まったりしたら、翁長さんは辞めるだろう、と私は思います。自分は日本と一緒にやっていくという考え方だから、分離や独立運動に与《くみ》することはできず、もはや私の力の及ぶ範囲ではない、と去るでしょう。

怖いのは、その〝翁長後〟です。そんななかで、誰とは言いませんが、くるくる持論を変えるようなポピュリストが沖縄に登場してきたら、大混乱が起こってしまう。

「オモチャのプラモデルコーナー」で、その国の「軍事的雰囲気」がわかる

田原　アメリカが日本を軍事的に自立させないんじゃないか、とも僕は思う。『ワシントン・ポスト』紙が1990年3月27日付けで報じた〝ビンのふた〟というのがあったでしょう。

在日米海兵隊のスタックポール司令官（当時少将）が、「もし米軍が日本から撤退したら、日本はすでに相当な能力を持つ軍事力を、さらに強化するだろう。だれも日本の再軍備を

望んでいない。だからわれわれはビンのふたなのだ」と発言した。**在日米軍は、日本を押さえつけて、軍国主義化を防ぐためにいるんだ、**と。

佐藤　昔からずっとそうで、ビンのふた論は現在も生きています。イスラエルの情報機関の幹部がこんな話をしていました。「アメリカは、いまも日本のことを忘れていない。それは日本のオモチャ屋に行けばわかる。店に零戦も隼も戦艦大和もなくなって、米空母とかF35とか、そんなプラモデルだけになれば、心配なくなる。でも、全世界を敵に回して戦った時代の戦闘機や戦艦のプラモデルが置かれている限り、絶対にダメだ」と。

田原　零戦や大和のプラモデルがあるうちは、アメリカは警戒心を緩めない。

佐藤　そうです。零戦や大和が日本人の心のなかにずっと引き継がれているわけですから。**「オモチャ屋のプラモデルのコーナーに行けば、その国の軍事的な雰囲気がどうかがわかるんだ」**といったインテリジェンスのやつ、やっぱりおもしろかったですよ。そういえばロシアでオモチャ屋に行くと、子ども向けオモチャって機関銃とか自動小銃とか拳銃とか、そんなのばかりでした。日本は最近、刀なんかが減ってきましたね。

民族の心の底に埋め込まれているものは、そう簡単には変わらない。全世界を敵に回して戦った民族の本質は、70年くらいで変わるはずがないでしょう。だから、民族問題やナショナリズムは、始末に悪いわけですが。

いずれにせよ、アメリカと一緒にやって損なことは本質的にありません。感情的な嫌米反米は非常に危険だと思います。それに、**「反・新自由主義」という名のもとに、肝心の自由まで押し流してしまう国家主義的な、あるいは共同体至上主義的な流れは危ないと思います。**自由はとても大切です。

白か黒ではなく、「歩留まり」を考えるのが政治の腕である

田原　２０１６年12月に沖縄で米海兵隊のオスプレイが墜落しました。プロペラと空中給油ホースが接触し、プロペラを傷めたと。事故の６日後には飛行が再開された。日米地位協定があって、アメリカがやるといったら、日本はノーといえない。在日米軍に対して日本が何一つ口を出せないという問題は、どう考えますか？

佐藤　それは、ノーとはいえないでしょう。でも逆に考えれば、日本は09年、ソマリア沖

の海賊対処で派遣する海上自衛隊の拠点となる小国ジブチとの間に「ジブチ共和国における日本国の自衛隊等の地位に関する日本国政府とジブチ共和国政府との間の書簡」を交わし、日米地位協定でアメリカが有利な以上に、日本が有利な地位協定を結んでいます。裁判権どころか警察権まで完全に日本側にあるんです。アメリカは、日本が他国に対してやったことを日本に対してやっているだけ、ともいえるんですね。

日米地位協定の問題はイコール、基地が極端に集中している沖縄の問題です。深刻な問題は沖縄以外では起こらない。なぜそうなったかといえば、そもそも1951年のサンフランシスコ講和条約で、南西諸島（北緯29度以南の琉球諸島・大東諸島など）・南方諸島（小笠原諸島・西之島など）・沖ノ鳥島・南鳥島をアメリカ信託統治領とすると決め、沖縄を日本の外に出すことになったから。しかし、実際には信託統治はなされず、事実として米軍によって支配されていた。この構造は、残念ながら変わりません。そこで必要なのは〝歩留まり〟の話です。私は歩留まり論者ですから、その意味で、沖縄と本土を完全にフラットにすることはできないと思っています。

田原　歩留まり論者は「米軍はすべて沖縄から出ていけ」とはいわず、「何％なのか」という話をする。0か1か、白か黒といった問題の立て方はせず、何割くらいとか、白に近いグレーでどうだ、と持ちかける。そういうことですか?

佐藤　まあ、そうです。歩留まりは、実は数字ではいえない。そのときの空気や心情によって変わるものだと思いますけど。辺野古を諦めて普天間を閉じれば、それで嘉手納と那覇軍港を維持できる。辺野古で流血の事態が起これば、嘉手納すら危なくなる。どちらの歩留まりのほうがいいんだ?　前者だろう、といっているんです。

この意味で私は、反安保論者や絶対平和主義者とは違います。沖縄の人たちも、私がそう考えていることを十二分にわかっている。ただし、**沖縄の政治エリートやマスコミは「嘉手納と那覇軍港はオーケーですよ」とは、絶対にいえません。**というのは、民主的な手続きをへていない占領下の、屈辱の基地ですから。そんな**歴史や沖縄の人びとの思いを前提としたうえで歩留まりを考えるのが、政治の腕だ**と思います。まともなアドバイザーさえいれば、安倍さんにその腕はある、と私は思うんです。

日本もアメリカも、「民主主義的な統制が利かない」危ない世界に入ってきている

田原　アドバイザー、いるかな。野党は別にして、志は同じでも「ここは違う」と安倍さんにガツンという政治家が見あたらない。それこそ佐藤さんが指摘した公明党の首脳以外にはね。昔は、同じ自民党でも派閥同士がケンカをしながら、ある意味で民主的にやっていた。いまは誰もがおとなしく、安倍さんに、もたれかかっている。

佐藤　**トランプのアメリカも日本も、民主主義的な統制というものが利かなくなってきている、**といえると思います。日本では、小泉純一郎内閣が経済財政諮問《しもん》会議をつくって官邸主導を打ち出したあたりから、物事を国会で話し合って決めるのではなく少数の民間委員で決め、国会はあとから承認するだけ、という手法が目立ってきた。

竹中平蔵さんは頭のいい人だから、内閣の経済面を取り仕切る大事を引き受けるからにはバッジが必要だと考えて、選挙の洗礼を受けるという体裁を整えた。でも、たとえばJ

R東海の葛西敬之《よしゆき》さんなんて、リニア中央新幹線に莫大な国費を投入させる絶大な影響力を持っているわけでしょう。にもかかわらず選挙の洗礼も資格試験も受けていない。総理との個人的な関係があるだけです。これは民主主義の原則からすればおかしい。

そんな人が各国でたくさん出てきています。たとえばトランプ大統領の娘イヴァンカ。次期大統領（当時）の娘というだけで、公的なステータスも守秘義務も一切ないのに、日本国内閣総理大臣との会談にすっと同席しちゃって、キーパーソンの役割を果たした。

だから、民主主義的な統制が失われているのは、世界的な傾向だと思うんです。およそ民主主義の手続きを踏まないところで、さまざまな政治意思が決まっていく。中国や北朝鮮をあまり笑えません。北朝鮮にも一応は人民議会選挙があるが、それとは関係なく将軍様の意思決定がなされる。私たちの国は北朝鮮のような血なまぐさいことはやらないけれども、では実際、**選挙の民意がどのくらい政治に反映されているのかといえば、だんだん怪しくなってくる。**これは非常に深刻な、民主主義の危機だと思うんです。

田原　チャーチル英首相は「民主主義は最悪の政治だ。過去に試みられてきた民主主義以外のすべての政治体制を除けばだが」といった。民主主義というのは、資本主義や社会主義や共産主義など経済体制やイデオロギーを直接示す概念とは違って、「民主的な手続きでやりましょう」という手続き問題。だらだら時間がかかって面倒くさいが、それでも話し合ってみんなで決めた形にしよう、それがいちばんいい方法なんだ、という話でしょう。ところが、そのだらだらを辛抱できなくなってきた。

政治家が幼稚になって、その場その場の感情的な反応が目立ってきたことも、大いに関係がありますね。大衆はせっかちで、「さっさと何とかしろ！」と思っているから、「ポピュリズム」「大衆迎合主義」が高じると、慎重だが面倒くさい手続きを飛ばしてしまう。

佐藤　そう。民主主義だけに任せると、いつまでたっても何事も決まらず、機能不全を起こしてしまうことも事実。国会が学級会みたいになっていますから。「反知性主義」ですね。

田原　一方で社会がどんどん複雑になっていくから、ますます政治が追いつかない。

佐藤　**テクノロジーの急激な進歩発展に、私たちのシステムがついていけない。**人類学者の長谷川眞理子さんも、この100年、とくに直近20年のテクノロジーの発展に人間の遺伝子がついていけない、と強調していた。だから政治でも経済でも学問でも、至るところで機能不全が起こり、混乱しているんだと思います。

第2章
アメリカの今後を知るための教養

本章を読み解くキーワード

＊新・帝国主義
＊非介入主義

「資本」と「国家」と「民族」の三つのバランスが崩れると「不安定な世界」になる

田原　第2章では、「新・帝国主義」と「非介入主義」というキーワードを基にアメリカを論じたい。この本の冒頭でも触れたように、トランプが勝ったのは、グローバル化に対するアメリカ人の不満が爆発したからだと思う。佐藤さんはどう見ますか？

佐藤　その側面はありますが、だからといってグローバル化（グローバリゼーション）が終わったわけではない。**グローバル化は、まだずっと続いていきます。**

結局、こういうことだと思うんですよ。国のシステムには、大きく三つの要素がある。第一に資本。カネや経済といってもいい。この**資本が行きすぎるとグローバル化に至る。**第二に国家。いわゆる国ですね。**国家が行きすぎると帝国主義に至る。**第三に民族。国を構成する人びと、国民ですが、**民族が行きすぎると、ナショナリズム（民族主義・国家主義）や排外主義に至る。**

田原　行きすぎるというのは、その部分が極端に突出したり、やりたい放題で勝手に暴走したりするわけね。

佐藤　そのとおりです。行きすぎると、格差が拡大して国民が分裂するとか、他国と衝突して戦争になるとか、都合の悪いことが起こる。だから**国というのは、三つの要素が複雑に絡みあい、バランスを取りながら成り立っている**。ところが、いまや世界中でグローバル化が先に進みすぎてしまった。そこで、ある国では国家が、ある国では民族が逆襲を始めたという感じだと思うんです。

アメリカでも、グローバル化に対してトランプ率いる国家が、TPP（環太平洋戦略的経済連携協定）はヤメ、NAFTA（北米自由貿易協定）は見直す、人の動きを制限し不法移民を送り返す、と逆襲しはじめた。人びともトランプの叫ぶ「アメリカ第一」「強いアメリカ」というナショナリズム的、排外主義的な主張に乗って、政権を民主党から共和党に交代させた。でも、そうかといってグローバル化はなくなっていません。

田原　グローバル化にはいくつも要因があるだろうけど、ITの発展がもたらす部分は日に日に拡大して当然でしょう。これは止めようがない。

佐藤　トランプにもグローバル化を進める部分があります。トランプ現象でおもしろいのは選挙中、ウォール街のアナリストたちは「トランプなんてとんでもない」といっていたのに、現場のディーラーたちがトランプを歓迎していたことです。

なぜかといえば、金融バブルが2008年9月のリーマン・ショックという大激震を招いたから、オバマ政権が株式市場や債券市場の規制を厳しくしたんです。日本からは、アメリカで規制が緩和され、グローバル化が極端に進んでいるように見えるけど、金融の現場は規制でがんじがらめ。だからトランプ政権による規制撤廃を期待した。

実際、ロス商務長官はウォール街で再建王として知られた投資家、コーン国家経済会議議長は金融大手ゴールドマンサックス前社長兼COO（最高執行責任者）、ムニューチン財務長官も同社元幹部という布陣だから、規制緩和が進むでしょう。**トランプが金融規制をはずすところだけに注目すると、これは政策的にはグローバル化ですね。**

田原　そう。国内外とも株や債券取引の規制がより自由になって、取引が活発になるわけだから。アメリカ人の取引だけを優遇するわけではなく、保護主義でもない。トランプが新しいバブルを生むんじゃないか、また第二のリーマン・ショックみたいなことが起こるんじゃないか、と心配になってくる。

佐藤　その一方で、中国や日本が輸出してきたら関税をかけるといっているから、これはバリバリの保護主義政策。だから、保護主義的な側面とグローバル化の側面が、ムチャクチャな形で出てきている。

トランプの強みは、「理論がないこと」、「矛盾を矛盾と思わないこと」である

田原　何でもかんでも思いつきで口にしたりツイートしたりするから、矛盾だらけなんだけど、本人は一向に気にしている様子がないね。

佐藤　**トランプのすごさは「理論がないこと」です。**かつてマルクス経済学者の宇野弘蔵が「ファシズムの強みは無理論なことだ」といいましたが、それと同じ。理論なしに、その場その場のパッチワークでなんでもかんでもやっている。

田原　大統領が、個別企業を名指しして、あそこはメキシコに投資する計画だから最低だ、みたいなことをいう。それで出ていこうとした工場を止めたりする。大統領のやることじゃ

ないだろう、と思うけど。

佐藤　経済学を勉強し、理論を尊重する人だったら、一方で規制緩和によってグローバル化を推進しながら、他方で工場に国外に出ていくなというのは、矛盾しているし、おかしいよねと思う。トランプの強さは、それをおかしいと思わないところです。

「下品」で「ポピュリズム」なトランプの手法をメディアも有識者も読み違えたのか？

田原　そんな矛盾やハチャメチャさ加減は、大統領予備選や本選挙のときからわかっていた。だから、みんな当選なんか到底できないと思った？

佐藤　日本では有識者のほとんどは、ヒラリー当選と予測して間違えてしまった。外務省もそうです。これには二つのバイアスがあったと思います。

一つ目は、**既存のシステムが続いたほうが都合よい人は、トランプでは困ると思った。**困るから、トランプのプラス面はあまり目に入らず、逆にマイナス面が大きく見えて、こんな男が大統領になれるはずがない、と予測がブレてしまった。困ると思ったのは、アメリカの大マスコミがそうですし、ワシントンのロビイストや学者など、これまで政治の世界と関わりのある連中もそうです。

アメリカの外では、日本もEUもオーストラリアやニュージーランドも、トランプでは困るんです。TPPなんてクソくらえという主張が典型的ですが、これまで頑張って交渉を続けてきたことをゼロにすると公言する人物は、イヤでしょう。これまでのゲームのルールが変わると面倒くさいから。

田原 間違えさせた、もう一つのバイアスは？

佐藤 日本をはじめアメリカの外ではとくにですが、**アメリカから入ってくる情報に基づくしかないから、トランプが余計にヒドく見えた。**失業した労働者の声なんて、あまり入ってきませんから。しかも、トランプでは困るアメリカのマスメディアを通じて入ってくる情報が多いから、とんでもないとっつぁんだ、と。

討論会で厳しい質問で突っ込んだ女性司会者に対して「目が血走っていた。ほかのところからも血が出ているんじゃないか」とか、トランプの手が小さいといったフロリダ選出のルビオ議員に対して「手が小さければ、ナニも小さいに違いない。私は保証する。そっちは何の問題もない」とかいうトランプ語録が、メディアから伝わってくる。そんなことを人前で平然と口にするようなやつが、大統領になるはずがないと思った。

田原 アメリカのメディアのほとんどが、ヒラリー・クリントンが勝つと伝えていた。巨大メディアは既存の体制の一角で甘い汁を吸っている連中だと、自分たちを攻撃するトランプに批判的なのはわかるけど、なんであそこまで間違えたのか？

佐藤 自分たちとあまりにも肌触りが違って、いやだからでしょう。トランプは下品すぎると。政治の世界に下品すぎるやつが出てきたらダメというのは、どの国でもあるわけですよ。

田原 『ワシントン・ポスト』が投票日の1か月前、トランプの古いビデオを暴露した。彼が「スターなら女はやらせてくれるんだ」「プッシーをつかんでね。何だってできる」といっている映像で、さすがのトランプも「悪ふざけだったが、気分を害した人がいれば謝罪する」と謝った。下品とは、そういうこと？

佐藤 そう。ふつうの人たちが公《おおやけ》の場所で口にしないぶっちゃけトークを平気でするのは下品でしょう。

私が少しはバランスのとれた見方ができたのは、ロシア語の情報に接していたからです。ロシア語で見ていると、**トランプは大衆受けを狙うポピュリズム的な手法を使わなければ注目されず、上がっていけないから、ある程度エキセントリックなことをいうのは当然だろう、という印象を受けました**ね。

田原 わざと下品でエキセントリックなことをいうのは、トランプの戦略ですか？

佐藤 自分の直感と戦略的な判断が、両方合わさっているように思います。

トランプ大統領を歓迎していた中国は、台湾総統との電話で一気に関係悪化

佐藤 トランプでは困るという側の話をしましたが、**国際社会には、逆にトランプになったほうがいいと思っていた国もあります。**それは既存の秩序が変わったほうが都合がよい国。中国であり、ロシアであり、イランであり、北朝鮮です。

田原　中国はトランプにおおいに期待したら、電話1本でパーになった。

佐藤　トランプと台湾（中華民国）総統・民主進歩党主席の蔡英文との電話から、中国との関係はメチャクチャになってしまいました。中国側がややエキセントリックな態度で反発すると、今度は意趣返しのつもりなのか、トランプは「お前らダンピングしているよな」「為替《かわせ》操作しているだろう」と、中国批判を言い募るようになった。売り言葉に買い言葉という感じです。

これは予想不能なことでした。トランプは既存の秩序を変化させていき、対中国包囲網という側面があるＴＰＰもやめてしまうわけだから、理屈からいけば、オバマ政権で充分悪かった中国との関係は改善に向かうはずです。みんなそう見ていたら、中国との関係が急激に悪化してしまった。

田原　トランプは蔡英文との電話で、アメリカはこれまで「一つの中国」と言ってきたが、今後の中国の出方次第ではわからない、と言い出した。

「一貫性がない」ということで「一貫している」のがトランプである

佐藤　そこで怖くなってくるのが、トランプ政権が新設する国家通商会議の代表に就任するピーター・ナバロという人物。カリフォルニア大アーバイン校教授の経済学者で、ドキュメンタリー映画『中国による死』の原作者。対中強硬派で、『米中もし戦わば』という著書があります。中国と戦争することを想定し、きちんと研究して発表しよう。そうすれば互いに損するとわかるから、戦争は回避できるだろうという趣旨の本です。

これまではみんな遠慮し、中国をタブーにして、対中戦争について語らなかった。ところが、いま必要なのは中国との戦争の話だ、と。こういう人が政権に入ると、**米中関係が急激に緊張する恐れがあります。**

田原　そうかと思えば、トランプが駐中国大使に指名したブランスタド・アイオワ州知事は、習近平の旧友だという。いまの話からすれば、よくわからない。これは何ですか？

佐藤　グローバル的・反グローバル的政策を同時に打ち出すのと一緒で、**それぞれのとこ**

ろで、相矛盾するカードを切っているわけです。

田原　トランプは、わざとそうしているの？

佐藤　いや、わざとではない。大使人事というのはおそらく論功行賞だと思うんです。いくらくらい政治献金したとか、どのくらい仲よしで選挙運動に貢献したとか。でも、中には誰かが推薦した結果、本当の適任者が大使になる場合もあるでしょう。だから、バラバラなんですよ。

田原　**「一貫性がない」ということだけは、一貫している**わけだ。

佐藤　そうそう。トランプ政権は、従来の分析手法では整合的に分析できない政権なんです。グローバル化の方向で規制緩和する一方で、逆の保護主義政策も取る。「アメリカファースト」「強いアメリカ」など、WASP（ワスプ＝ホワイト・アングロサクソン・プロテスタント。保守的な白人エリート層）を中心とするアメリカのナショナリズムを煽り立てることもする。中国に対してアメリカという国家を正面からぶつける国家主義的なふるまいもする。トランプ政権は、不確定要素がものすごく大きい。

田原　トランプは、わざというか戦略的に、不確定要素を多くしているんですか？

佐藤　いや、計算はしていないでしょう。でも、アメリカがさまざまな面で手詰まりになっているから、**一貫性なくやったことが、結果的にいろいろな陽動作戦を展開している形になっています。**

大使館をエルサレムに移すのは、自らの宗教的信念から来ている

佐藤　アメリカ・ファーストやアメリカ回帰は、内向き姿勢で非介入主義ですが、一方ではイスラエルとの関係を極度に改善しようとする。彼が選挙中に公約でいったとおり、**アメリカ大使館をテルアビブからエルサレムに移動したら、第五次中東戦争が勃発《ぼっぱつ》しかねません。**

田原　なんだって？　それ、解説してください。

佐藤　１９６７年の第三次中東戦争（六日戦争）でイスラエルは圧勝し、東エルサレムを占領した。このときエジプトからシナイ半島とガザ地区を、ヨルダンから東エルサレムを含むヨルダン川西岸地区を、シリアからゴラン高原を占領しています。

ところが、この占領を無効とした国連安保理決議242号がある。全会一致で採択されたもので、米英仏ソ中も日本も賛成でした。だからイスラエルが一方的に「エルサレムはわが国の首都だ」と宣言しても、まともな国はどこもエルサレムに大使館を置いていない。そこにアメリカ大使館を移転するというんです。

田原 なんで？ そうすれば国内のユダヤ系が喜び、トランプ支持が増えるの？

佐藤 2017年1月20日の大統領就任演説を聞いて、トランプの真意がわかりました。**ユダヤ系の歓心を呼ぶためなんかではなく、彼は自分の信念から、エルサレムに大使館を持ってこようとしている。**

そのことを理解するために、まずトランプの信仰を見ておきます。彼はプロテスタントのうちカルヴァン派の流れを汲む長老派（プレスビテリアン）。この人たちは、自分は生まれる前から神に「選ばれた人」だと確信して、自分の能力を世のため人のために使おうと思っています。

同時に彼は、クリスチャン・シオニストでもあります。クリスチャン・シオニズムは、キリスト教なんだけどユダヤ教を尊重し、イスラエルをきわめて重視する、アメリカ独特の考え方。ヨハネの黙示録によれば、最後の審判の日にイスラエルという国が現われることになっているんですが、これといま中東にあるイスラエルを同一視し、イスラエルを神様がもたらした特別な国と考えるんです。

田原　トランプは、長老派で、ユダヤとイスラエル重視のクリスチャン・シオニズムね。そこまではわかった。

大統領就任演説に見える、トランプの「宗教的な信念」

佐藤　今回の就任演説は、まず「私たちは古い同盟関係を強化し、新たな同盟をつくります。そして、文明社会を結束させ、イスラム過激主義を地球から完全に根絶します」といった。ＩＳ（イスラム国）もアルカイダも皆殺しにすると宣言したんです。

続いてアメリカへの忠誠心や愛国心を強調したあと、「聖書は『神の民が団結して生きていることができたら、どれほどすばらしいことでしょうか』と私たちに伝えています」と、『旧約聖書』詩編の第１３３編１節の言葉を引用しました。

引用部分は、直訳に近い日本聖書協会の新共同訳によると「見よ、兄弟がともに座っている。なんという恵み、なんという喜び」となっています。これは、ダビデ（イスラエル第二代王）がエルサレムを奪ってイスラエルの首府とした。さあ、これでヤハウェ神の教えに基づく世界支配を、ここエルサレムから存分に広めることができる、と人びとが集《つど》ってともに礼拝し、喜び祝う詩の冒頭部分なのです。

トランプ大統領は、キリスト教徒だけが聖典とする新約聖書ではなく、キリスト教徒とユダヤ教徒の両者が聖典とする旧約聖書から、あえて引用して、**イスラエルと全世界のユダヤ人に「私は、あなたたちと価値観を共有しています」というメッセージを送った。**そう見なければいけません。

田原　なるほど。でも、そんな報道や解説は、佐藤さん以外からは、まったく聞いたことがない。欧米では、わかる人はわかるんですか？

佐藤　人間には聞こえないのに、犬には聞こえる犬笛みたいなもの。ユダヤ教やキリスト教学の専門家にはわかります。

田原　その詩は、ついにエルサレムを奪ったぞと、イスラエルの人びとが神に感謝し、大

大使館をテルアビブからエルサレムに移動したら…

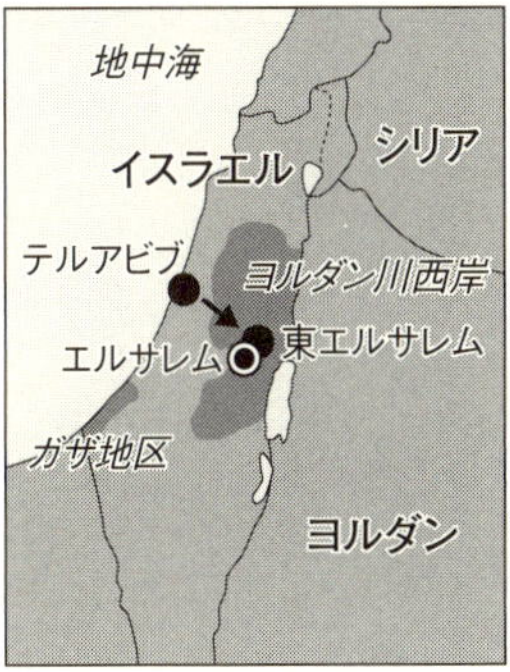

アメリカ大使館をテルアビブからエルサレムに移動したら第五次中東戦争が勃発する⁉

第三次中東戦争時のイスラエルの占領領土

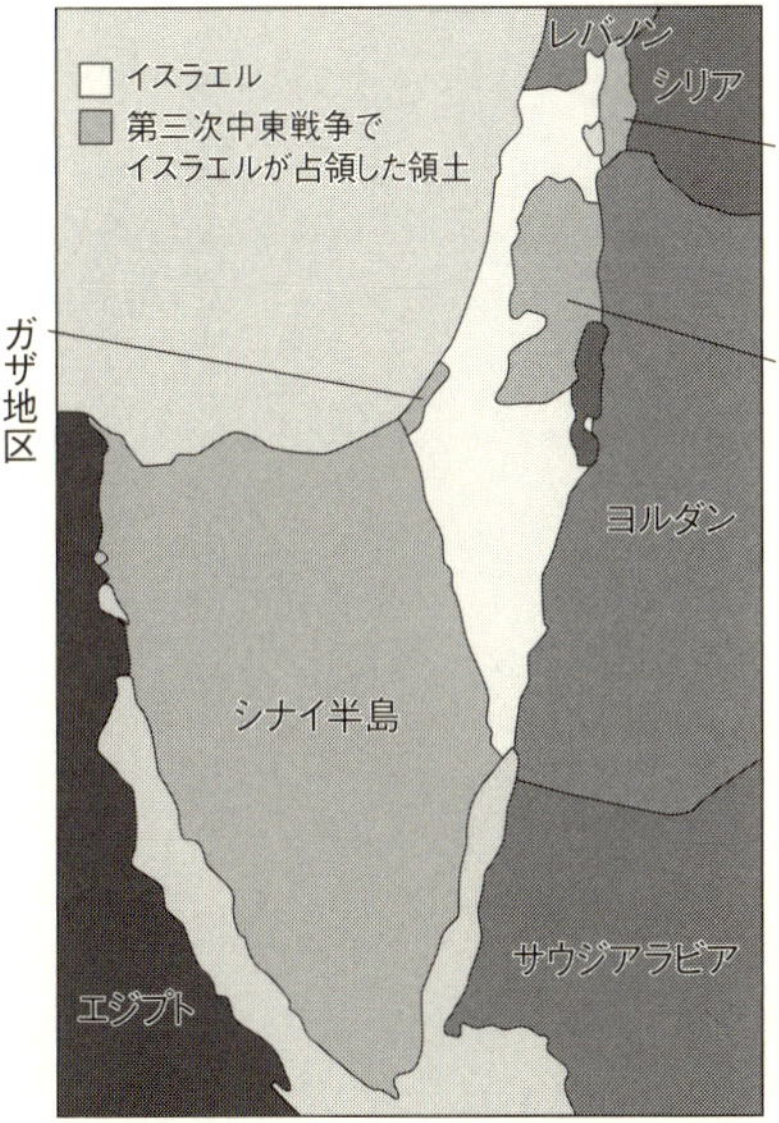

出典：Wikipedia ほかより編集部作成

１９６７年の第三次中東戦争（六日戦争）でイスラエルは圧勝し、東エルサレムを占領した。このときエジプトからシナイ半島とガザ地区を、ヨルダンから東エルサレムを含むヨルダン川西岸地区を、シリアからゴラン高原を占領した。

喜びしている場面なんですね？　イスラエルによる東エルサレム占領、エルサレムの首都宣言、エルサレムへのアメリカ大使館移転と、完全に符合するじゃないですか。

佐藤　そのとおり。だから、トランプは本当にアメリカ大使館を東エルサレムに移すかもしれません。

田原　すると、どうなる？

第五次中東戦争を引き起こし、9・11を上回るテロが起きる可能性が大きくなった

佐藤　**第五次中東戦争の引き金になります。9・11をはるかに上回る規模のテロがアメリカを襲うことも想定すべきです。**むしろトランプはそれを歓迎しているわけでしょう。そうなったら、悪い連中はすべて地球上から消すといっている。

田原　自分は選ばれしプレスビテリアンで、しかもクリスチャン・シオニストだから？　支持者を増やしたいなんて思惑からではなく、自分の信仰、信念からやると？

佐藤　そうです。ユダヤ人やイスラエルが選ばれたように、自分も選ばれているという心の〝勝ち組連合〟。経済や軍事だけでトランプを見ると、完全に見誤りますよ。**演説には宗教的信念が強く入っている。浮くも沈むもイスラエルと一緒ということ**です。

田原　議会が反対したらどうする？

佐藤　そこなんですよ、田原さん。実は**アメリカ議会は1995年、米大使館をエルサレムに移転させる、と法律をつくって決めている**んです。この法律には、安全保障上の理由で行政府が実行しない場合は、半年ごとに議会に報告しなければならないという規定がついています。そこで歴代大統領は、もめ事のタネになるからと手を着けず、半年ごとに議会に延期を報告してきたわけです。

だから、トランプが「議会が決めたとおりにやる」といえば、議会は反論できない。エルサレムが首都だと自分で宣言したイスラエルも、拒否できない。トランプは、そのことを踏まえて動いている。

田原　95年にできた法律のことなんて知っていたのかな。指南役がいるのでは？

佐藤　おそらく長女イヴァンカの夫クシュナーです。選挙戦で側近・参謀役を務め、閣僚人選にも関与し、大統領上級顧問としてホワイトハウス入りした。トランプを師と仰ぐ不動産実業家ですが、彼は敬虔《けいけん》なユダヤ教徒。イヴァンカも結婚直前に、ユダヤ教に改宗しました。

田原　アメリカは、第五次中東戦争が起こってもいいんですか？

佐藤　大きな声ではいえませんが、**アメリカは、規模や期間や影響が限定的で、米軍を派遣したり駐留させたりする必要のない戦争ならば、大歓迎でしょう。**戦争は、もっとも効率のいい公共事業ですから。

田原　大統領の信仰一つで、超大国の対外政策が大きく左右され、ヘタをすれば戦争すら起こってしまう。テロや暗殺だって起こりかねない。アメリカは宗教的で原理主義的な国と思っていたけど、そこまでとは。いや、すごい話だ。

佐藤　世界のほとんどの人が思っているより、トランプはすごいやつです。**彼はアメリカに大混乱をもたらすでしょう。**これが大統領就任演説を聞いた私の結論です。

トランプは、不動産取引き的手法で、最初にガツンとぶつけて相手をビビらせる

田原　話が前後しますが、安倍首相は２０１６年11月17日、ニューヨークでトランプ次期大統領といち早く会いました。これは佐藤さん、どう見ましたか？

佐藤　外務省は佐々江賢一郎駐米大使がやったと言い、首相官邸は安倍さんの人脈を使ったと言って、手柄争いをしていました。まあ同じルートでやったと思いますが。あの１時間ちょっとの会談で、安倍さんはＴＰＰについて説得を試みたはずです。連立を組む山口・公明党代表に、あれだけやると言ったのだから。

田原　そうでしょう。日本側は各国首脳に先駆けて会うことができたと喜んでいた。

佐藤　ところがトランプは、会談から４日目のビデオメッセージで何と言いました？「就任の初日にＴＰＰから脱退する」と言ったんです。実際、トランプ大統領は就任の17年１月20日、ホワイトハウスの公式サイトに通商政策を掲げてＴＰＰからの離脱を表明。23日

に離脱の大統領令に署名しました。同時に「永久に離脱」と宣言しています。各国がいくらやるといっても、アメリカが参加しなければ機能しない仕組みなんです。

田原 安倍さんは粘り強く説得するというが、もうＴＰＰは終了ですね。

佐藤 今後はアメリカとの二国間交渉となる。多国間はやめたが、二国間でＦＴＡ（自由貿易協定）を結んだら、ほぼＴＰＰと同じ内容だったという可能性はあります。すぐには動かないでしょうけれども。

安倍さんと会ったときのやり取りを見ると、ガンガン地上げをする不動産屋との駆け引きみたいな感じです。ようするに**トランプは、ディール（取引）が大好き**なんです。

田原 不動産屋のディールを外交に持ち込んでいるんだ。国家安全保障担当の大統領補佐官としてホワイトハウス入りしたマイケル・フリンは、元陸軍中将で国防情報局長官をやった対テロ作戦の専門家。16年10月に来日して日本の政治家たちに会っている。

菅官房長官には「トランプはビジネスマンだから、最初に極端なことをいう。しかし、日米安保や日米同盟は基本的に変わらないから心配しなくて大丈夫」といって安心させた、と菅さんから聞きました。

佐藤　そうでしょう。最初にガツンとぶつけて、それで相手がビビって譲歩すればよし。**ビビらなければ、相手の顔色を見ながら、不動産屋みたいに値段を上げ下げする。**

でも、ビジネスでは、最初に極端なことをいいすぎて失敗することもあります。たとえば田原さんのマンションを買い叩いてやろうと思って「1000万でどうだ」といえば、「ふざけるな！」と交渉は不成立。「1億8000万でどうだ」とか、いいところをいわなければダメでしょう。しょっぱなから中国とぎくしゃくしているところを見ると、おいおい大丈夫かという感じがします。

「ピンポイントの保護主義」で、日本の自動車産業が狙われる

佐藤　日本が懸念されるのは自動車ですね。トランプは就任早々、日本の通商政策は不公平だと名指しで批判した。「われわれが日本で車を売るとき日本は販売を難しくさせているが、日本はアメリカで車を売っている」と。トランプの次の一手が気がかりです。

田原　そこなんですがね。トランプは「メキシコなどに出た工場を、デトロイトのような

ラストベルトに取り戻す」という。そんなこと、できますか？

佐藤　無理でしょう。アメリカの工場がなぜメキシコに出たかといえば、メキシコのほうが賃金が安く、労働力の質もいいから。賃金が高く、労働力の質が悪いアメリカには戻ってこない。

といって日本の自動車産業は安心できない。アベノミクスをなんとか支えているのは、トヨタ自動車の〝一本足打法〟ですよ。自動車産業、なかんずくトヨタがものすごく儲けて、日本経済を支えている。**トランプ政権が日本車狙い撃ちで関税をかけるとなったら、アベノミクスの根本に影響してしまう**。やりかねません。

田原　トランプは17年1月、メキシコで生産増強を図るトヨタを名指しして「とんでもない！　アメリカに工場を建てるか、国境で高い税金を払うかせよ」と批判した。するとトヨタは、「メキシコに新工場ができても、アメリカの生産台数や雇用は減らない」と声明。さらに豊田章男社長が北米国際自動車ショー（デトロイト）で「今後5年間にアメリカで100億ドル（約1兆1700億円）を投資する」と発表しました。

佐藤　最初にガツンとかますトランプの手法が、さっそく功を奏したわけですね。

それで済めばいいですが、**この先トランプ政権が日本や中国に関税をかける可能性は、依然としてある**と思います。USTR（米通商代表部）代表は対中強硬派のロバート・ライトハイザー。彼はレーガン政権時代の次席代表で、日本製品の輸入抑制を主導した人物です。

田原　トランプは、大統領に就任して10日もたたないうちに、口先だけで、民間企業から10兆円を超えるようなアメリカへの投資話を引き出したわけです。それだけでもすごいと思うけど、口先ではない政策は、どこまでやるつもりなのか？

佐藤　自由貿易体制を崩すという発想までは、基本的にないと思うんですね。保護主義一本槍でアメリカが得することはありません。

でも**ピンポイントの保護主義、たとえばオーストラリアに勝てない砂糖、日本に勝てない自動車などは充分ありうるでしょう。**

アメリカという軍事力まで持った「企業」のCEOとして、無理難題を押しつけてくる可能性がある

田原　アメリカは、自動車など第二次産業のハードウェアは輸入国。でも、農産物や、マイクロソフト、アップル、グーグルに代表されるソフトウェアは大輸出国ですね。自国第一で輸入品に高い関税をかけると、相手国がアメリカからの輸出品に対して同じことをやったとき、どうするつもりなのか。

佐藤　だから、**アメリカは関税をかけるが、日本には関税をかけさせない。**

田原　えっ⁉　そんなことできますか？

佐藤　国力を見てみろ、文句あるか、というような感じになる。すごくいやな日米貿易交渉になるでしょう。**アメリカにとって死活的に重要と判断すれば、自国は保護主義で他国の保護主義は認めないという身勝手なやり方をする**でしょう。

田原　でも、トランプはビジネスマンでしょう。ビジネスで一方だけがとことん儲けるな

んてことは、ありえない。相手が信用してくれなきゃ商売が成り立たないし、儲からなければ相手も取引を敬遠する。低賃金で労働力の質もよいからメキシコに工場が集まるなんて、ビジネスマンなら当たり前の常識じゃないか。ビジネスマンのくせに、なんでそれがわからないのか。

佐藤 トランプは、**アメリカという国を「一つの企業」と考えている。自分は、そのCEOであると。**そう思えば、かなりメチャクチャなことをやってくるかもしれません。軍事力まで使える会社だという発想になると、これは危ない。そもそも基軸通貨ドルという強力な武器を持っているし、世界最強の軍事力もある。核の力もある。

無視できないアメリカの武器は〝英語〟です。インターネットやコンピュータは英語が標準語。そのネットを行き交う英語を、アメリカはNSA（米国家安全保障局）で大量に盗聴しています。だからアメリカは、世界の最新情報を大量に握っています。たぶん定量的なデータはないだろうけど、世界の歴史の中で、英語という単一言語の通用度が現在ほど高くなったことはかつてなかったでしょう。

予測不能の韓国の読み方

佐藤　トランプ政権は予測不能という話の続きで、ちょっと脱線しますね。予測不能は韓国も同じです。朴槿恵《パク・クネ》大統領の後任候補として、聞いたこともないような城南市長の名前（李在明《イ・ジェミョン》）が出てきて、過激な発言で注目されている。

大統領選挙戦から撤退してしまったけれど、前国連事務総長の潘基文《パン・ギムン》あたりなら、面倒くさいけど、まあ安定するかなと思ったら、とんでもないポピュリストや排外主義者みたいなのが出てきた。これは誰も予測できなかったでしょう。そもそも朴槿恵さんが大統領職務を停止されることすら、誰も予測できなかったわけですが。

田原　韓国のテレビ局ＪＴＢＣが16年10月24日、大統領の友人女性（崔順実《チェ・スンシル》）の国政介入問題をバラすまでは、まったく予想もつかなかった。

「小沢一郎事件」と「崔順実ゲート」の共通点は、放置したら自分たちがつぶされると検察が動いたこと

佐藤　私は、いわゆる崔順実ゲート事件から小沢一郎事件を思い出します。これはトランプ問題にもつながっていく。ここで小沢事件のおさらいをしてみましょう。

問題とされた西松建設事件は、小沢さんが口ききしたという話ではなかった。後援会に入っていないから入札させない、いわば「みかじめ料」を取ろうというのは問題だ、と検察が動いた。東京地検特捜部が西松建設本社を家宅捜索したのは08年で、もう政権交代が実現するんじゃないかという雰囲気があった。検察としては、別に自民党に義理立てしたわけでは全然ない。小沢政権になったら捜査がやりにくいだろうから、いま始めておこうと、わりと軽い気持ちで着手したと思うんです。

田原　06年に小沢さんが民主党代表になり、07年夏の参院選で自民党に勝った。次の総選挙では当然、民主党が勝つと誰もが予想した。勝てば安倍さんに代わって小沢さんが首相

になることが確実だった。ところが、09年3月に小沢さんの公設秘書・大久保隆規氏と西松建設社長らが逮捕されてしまい、小沢さんは09年5月に民主党代表を辞任した。

佐藤　逮捕は、政治資金規正法違反容疑ですよね。

田原　政治資金収支報告書の書き方が違ったと。僕は当時、宗像紀夫さんと郷原信郎さんの元検事二人に番組に出てもらった。秘書逮捕をどう見るかと聞いたら、東京地検は小沢さんを収賄で挙げるつもりだ、その疑いなしに書き方が違うくらいで秘書を逮捕することはありえない、という話だった。ところが、何もなかったんです。

佐藤　そこは検察の心理ですよ。どうも小沢政権が成立しそうだ。そうなれば予算や定員に手を突っ込まれ、自分たちがやられる。組織防衛をしなければ、と。だから是が非でも小沢をやらなければいけない。鳩山政権が成立した09年9月以降も、検察がつねにこの問題に手を突っ込んだから、民主党政権は身動きできなかった。

田原　大久保秘書の事件は大きな問題にならなかった。すると東京地検は、次に小沢一郎さんの資金管理団体に目をつけ、陸山会が東京・世田谷で購入した土地の問題で、また秘書や国会議員を逮捕したわけ。

小沢さんは嫌疑不十分で不起訴処分となったけど、検察審査会によって起訴議決され、11年1月に強制起訴。12年4月の東京地裁判決は無罪、同年11月の東京高裁も一審支持というので、検察は上告を断念した。結局、何もなかったんだ。

佐藤　朴槿恵さんの一連の疑惑プロセス、スタートは重光武雄さんのロッテ事件だと私は見ています。共同通信がごく短い記事で伝えましたが、ロッテから崔容疑者へのカネの流れを調べたら、逆に崔さんからロッテにカネが流れていた。ロッテが事件をもみ消してくれと渡し、もみ消せなかったから返したと。これがスタートだと思うんです。

どの国の検察も、こういう話をいちばん嫌います。青瓦台との関係を使って事件化しないように働きかけた。捜査介入は看過《かんか》ならないと検察が動くと、また考えられないような捜査妨害が起こった。陰に陽に青瓦台から「お前、何をやってるんだ」といってくる。**検察は「このまま放置していたら自分たちがやられる」と。**

田原　小沢さんの事件と同じだね。

佐藤　同じです。どちらのケースも、このままでは検察がつぶされると必死になって今回の事態を招きました。

大統領選挙の投票日直前に、なぜＦＢＩはヒラリーのメール調査再開を発表したのか？

佐藤　アメリカに話を戻すと、やっぱり構図が似ているのが、ヒラリー・クリントンのメール問題です。フラットに考えて、**ＦＢＩ（米連邦捜査局）がメール問題に再着手しなければ、トランプ政権は生まれなかった**と思います。やはり、あれは大きかった。

田原　ヒラリーが国務長官時代、私設のメールサーバで公的メールを送受信し、それに国家機密が含まれていたのでは、と問題になった。15年3月には連邦記録法違反の可能性があると報じられ、彼女は公聴会などで弁明。16年7月にはコミーＦＢＩ長官が「極めて不注意だったが、起訴にはあたらない」と述べ、司法長官も不起訴と発表し、問題は収束したはずだった。

ところが、大統領選挙投票日の10日ほど前、ＦＢＩが「新たなメールが見つかったため調査を再開した」と発表した。

佐藤　メール問題自体はとても深刻です。国務長官がやり取りしたメールがロシアや中国に取られた可能性があり、アメリカの国益が毀損《きそん》されたかもしれない。これは、クリントン政権が成立したら捜査できません。だから、FBIが今のうちから着手しておかなければまずいと考えるのは、捜査機関の普通の感覚だと思います。

ところが、クリントン選対やオバマ政権から「FBIは何をやってるんだ」と、考えられないような捜査妨害を受けた。FBIは「俺たちをつぶす気か」と。クリントン政権になったら予算と定員に手を突っ込まれ、どうなるかわからない。組織存亡の危機だから、とにかくクリントンはダメだと必死になった。それくらいの危機感があったでしょう。

オバマ政権からものすごい圧力がかかり、投票前日に捜査終了を宣言しましたが、普通の有権者は、日本でいう指揮権発動のようなことがあったと思いますよね。たぶんクロだろうと、ものすごく悪いイメージになります。

この意味で、トランプ政権の立役者の一つは、私はFBIだと思います。

ＦＢＩが大きな力を持ち、ＣＩＡと縄張り争いをするだろう

佐藤　トランプ政権は政治を経験したことがないでしょう。日本の官僚制度と違ってアメリカの官庁の幹部は政治任用ですから、４０００人の高級公務員を集める必要がある。その身体検査はどうします？

田原　４０００人の身体検査は大変だ。それでＦＢＩを使う？

佐藤　そうです。秘密警察のＦＢＩは盗聴しているし、基本情報をすべて持っている。だから**ＦＢＩはトランプ政権で非常に強い力を持っていく**と思う。フーヴァー長官時代のように。

田原　フーヴァーは１９２４年に29歳で司法省捜査局（35年に改組しＦＢＩに）長官となって、ギャング狩り、戦時中のスパイ摘発、マッカーシズムの赤狩りなどを指揮し、ＦＢＩの権限も自分の権力も広げていった。71年まで連邦議会はＦＢＩの予算審議が一切できなかった。彼は政治家、閣僚、著名人らの情報を収集・記録していたから、スキャンダル発

覚を恐れて大統領すら手を出せなかったという。

佐藤　ケネディ大統領は海軍にいた若いころ女性との性的関係を盗聴されたとか。それと一緒で、今後ＦＢＩの存在感が出てくる。壁に耳あり障子に目ありという感じでね。そうなると、ＦＢＩとＣＩＡの縄張り争いやトラブルが問題になってくる。

トランプが、もっとも影響を受けたという赤狩りマッカーシーの継承者とは

佐藤　そこでトランプとの関係で重要なのは、ロイ・コーンという人物です。検察官のときマッカーシーの主任顧問に抜擢《ばってき》され、赤狩りでマッカーシーに次ぐ糾弾者となった。54年にマッカーシーが失脚すると弁護士に転身し、トランプの顧問弁護士も務めている。

ニクソンやレーガンなど反共姿勢の強い大統領とも親交があって、マフィアのボスも顧客にしていた人物です。トランプは、コーンからいろいろなやり方を学んでいるんです。マッカーシーの仕事とトランプのやり方は似ているわけ。

田原　たとえば？

佐藤　マッカーシーは根拠がないのに「このリストに赤がいる」と名指しで糾弾した。トランプが「国を裏切っている者がいる」と叫び、「イスラム教徒どもを入国させるな」と根拠薄弱なスローガンで人びとを駆り立てるのは、まさにマッカーシーの赤狩りのやり方です。

日本では放映されていませんが、ABCテレビが92年に『市民コーン』というドラマを制作した。コーンは、ユダヤ系でゲイなんです。にもかかわらず、デマゴーグでマッカーシーと組み、反ユダヤ主義を振りかざして、リベラルなユダヤ人たちを赤だと攻撃した。ゲイはアメリカの価値観に反して許されないともいい、証人や被告人を「同性愛者と暴露されたくなければ検察に有利な証言をせよ」と脅したこともある。手段を選ばない方法で、自分の弁護士ビジネスをどんどん拡大するんだけど、86年にエイズで死んだ。そんな男の悲劇的な生涯を描いたドラマで、結構おもしろかった。

そして、**トランプはコーンからもっとも強い影響を受けたといっている**んです。

だからトランプは、**「アメリカの敵は国内にいる」と、国内の敵を見つけて糾弾する可**

能性があると思う。それがイスラムなのか、マイノリティーの権利を主張する人たちになるのか、わかりませんけれども。

トランプの「世界の警察をやめる」とは、アメリカを太平洋戦争が始まる前の時代に戻すことである

田原　トランプが「世界の警察をやめる」といった件を、もっと聞きたい。

第二次大戦後、アメリカが世界の警察をやってきたのは、東西対立の西側の盟主としてですね。その冷戦が終わると、アメリカは世界各地で起こる民族紛争や宗教紛争などを抑え込みはじめた。

だから世界の警察を続けたわけだけど、2001年9・11同時多発テロをきっかけとするアフガン戦争とイラク戦争の二つが、うまくいかなかった。イラク戦争はフランスもドイツも反対で、世界から猛批判を浴びた。アメリカ国民も批判的で、だからイラク戦争に反対したオバマが黒人として初の大統領になった。

ところがトランプにいわせると、**「オバマは世界の警察をやめたといったが、全然やめてない。俺は本当にやめる」**という。どういうことですか？

佐藤　これはおもしろいテーマで、ちょっと思想に踏み込まないとわからないと思うんです。**トランプがやろうとしているのは、現地時間で1941年12月7日、日本時間で同じく12月8日より前のアメリカに戻す、**と。

田原　日本軍による真珠湾攻撃。太平洋戦争の始まりより前に戻す？

佐藤　そうです。ここに一人、重要な思想家がいます。アメリカでは誰でも知っていますが、日本では、いまひとつ知名度がないラインホルド・ニーバーという神学者で政治学者です。44年に『光の子と闇の子』という本を書きベストセラーになりました。

アメリカでは誰でも知っている米神学者ニーバーが唱えた「光の子と闇の子」の思想とは？

佐藤　どんな考え方かというと、新約聖書のルカによる福音書に「この世の子らは、この世界では光の子よりも賢い」というフレーズがあります。
ある金持ちの財産管理人が、主人の財産を浪費したとバレた。もうクビだと観念した管理人は、どうするか考えた末、主人の債務者を一人ひとり呼び寄せて借金を申告させ、片っ端からマケてやった。そうすれば、誰かが自分を迎えてくれるだろう、と。この不正な管理人をイエスが「賢い」と評した。

田原　この世の子らが闇の子で、実は賢い？

佐藤　そう、世の中には「光の子」たちと「闇の子」たちがいる。光の子たちは、イエスを信じる弟子やキリスト者で、一つの理想を持って生きている。自分が生き残るには平気で嘘をつき、死ねば何も残らないいんだと思っているのは闇の子たち。世俗の多くの人びとがそうで、彼らの方が実は抜け目なくて賢いと。
両者がこの世界で喧嘩したら、闇の子のほうがいろいろな知恵を使うから勝っちゃう。この闇の子がナチス。アメリカやイギリスの民主主義者やソ連の共産主義者は「愚かな光の子」というのが、ニーバーの考え方。

田原　へぇ、ソ連も光の子なんだ。

佐藤　愚かだけど、でも光の子。闇の子ナチスは最初、共産主義者たちは敵だ、と反共で味方を増やした。次に英米陣営は敵だ、と共産主義にすり寄って、光の子たちを仲違《なかたが》いさせ世界制覇を狙っている。だからアメリカは、闇の子ナチスに対して、不介入主義やモンロー主義を掲げて傍観しているだけではダメだ。世界に出ていき、光の子である英仏ともソ連とも手を握って闇の子に立ち向かわなければ、とニーバーは主張した。

ニーバーは、歴代大統領のルーズベルト、トルーマン、ケネディ、ブッシュ親子、クリントン、オバマなどに絶大な影響を与え、アメリカは世界展開しなければいけないという思想をつくった人です。大統領たちはみんな演説でニーバーを引用しています。

田原　その大統領たちは、それぞれ第二次大戦、朝鮮戦争、ベトナム戦争、湾岸戦争、アフガン戦争、イラク戦争に深く関与している。クリントン時代だけ大戦争をやっていないけど、対イラクの砂漠の狐作戦、コソボ紛争への介入、ソマリア内戦への介入、スーダン攻撃など、やっぱり戦争をやっていますね。

ところが、**ルーズベルト以前のアメリカは「モンロー主義」「孤立主義」だった。**

トランプは今までの根本思想「光の子・闇の子」から訣別したから、世界の警察官をやめられる

佐藤　モンロー主義は、第五代大統領のジェームズ・モンローが1823年に打ち出した、ヨーロッパ諸国の紛争には干渉しない、南北アメリカの植民地もそのまま認めて干渉しないという外交方針です。そのモンロー主義を変えたのがニーバーなんですよ。

田原　第一次大戦後、ウィルソン大統領がせっかく国際連盟を提案してつくったのに、モンロー主義に戻ってアメリカは入らなかった。

佐藤　ウィルソンが一人で走り過ぎ、議会がダメ出ししたから。ウィルソン主義を理論化したのがニーバーともいえます。彼は1952年に『アメリカ史の皮肉』という本を書いた。アメリカは、よかれと思って悪い結果をもたらすような皮肉なことをよくやってしまう。共産主義は光の子と思ったが間違いで、あれは闇の子だった。そこで今度は、民主主義陣営は闇の子の共産主義と戦わなければいけないと。

ローゼンバーグ夫妻が原爆の機密情報をソ連に流したスパイとされたとき、別のスパイの自白しか証拠がなかったんだけど、ニーバーは電気椅子に送れと主張しています（53年6月に死刑に処せられた）。ソ連崩壊後には、ソ連とアメリカにいたスパイの連絡文書が公開され、やっぱりスパイだったことが明らかになりました。

この光の子と闇の子という二項対立を、アメリカはつねに使うわけです。あるときはベトナムが、あるときはイランが闇の子。サダム・フセインも、アルカイダも、ウサマ・ビンラディンも、タリバンも、イスラム国も、そのときどきの闇の子。ところが、トランプには、この光と闇という発想がないんです。

田原　そうか、トランプは、光の子と闇の子に分けない。

佐藤　光だの闇だのには関係なくアメリカ第一。「われらアメリカ人は光の子代表だから、闇の子と戦わなくてはならない」とは考えない。

トランプはニーバー的な発想と訣別したんです。これが本当の意味で、アメリカが世界の警察官をやめるということです。

清濁あわせのみ、ぶっちゃけ本音でいこうや、がトランプ流

田原　光と闇があれば警察が必要だけど、光も闇もないから、というより光も闇もどうでもいいから、警察は要らないんだ。

佐藤　そう、そこがトランプは冷めている。人間、清濁あわせのむみたいな感じでね。

アメリカだって光の部分も闇の部分もある。自分だけ格好いいことはいえないぜ。そもそもいまの政治って、みんな上品なことしかいわず、格好よすぎないか。やっぱりデブよりも、背が高い金髪のほうが男らしいだろ。男の夢は金持ちになることと、かわいい姉ちゃんがたくさんいることだ。俺は3回結婚したが前の二人との関係はすごくいいぞ。

――とは、これまで政治家も経済人も、思っていたとしても誰一人口にせず、**みんなきれい事ばかりだった**わけです。それを、**ぶっちゃけ本音のところでいこうや、というのがトランプです。**

田原　トランプの子どもたちは、母親が違っても、とても仲よしなんだってね。

佐藤　母親違いの子どもが何人もいるなんてアメリカ的なモラルに反する、光の子たちのやることではないといわれても、それが何だと。お前さんだって欲望あるだろ、もっとぶっちゃけた感じでいこうぜ、「一夫多妻」の俺がうらやましいだろう、と。

このあたりトランプは、橋下徹さんと相通じるところがありますね。橋下さんは、風俗に行ってスチュワーデスのコスプレうんぬんと報道されたとき、すみません、事実です、子どもがお腹にいるときで、奥さんに怒られています、と言っていた。これまでの政治家や有名人だったら、のらりくらりゴマカしたりするんだけど、彼は欲望があるのは人間として当然じゃないですか、という感じ。

田原　子だくさんという点も似ている。

佐藤　フランスのサルコジにも相通じますね。彼も欲望をあらわにするし、卑猥なこともいうし。だからポピュリズム的で反知性主義的なんですよ。そういう意味では、トランプ現象は、超大国アメリカで起こっているからすごく目立つけど、案外普遍的なものだと思うんです。

アメリカはこれから「世界のセコム」になる。だから改めて契約しろ

田原　世界の警察をやめるトランプは、今後、具体的にどうするんですか？

佐藤　「孤立主義」だという人がいるんですが、それは間違いで、トランプは「非介入主義」です。**自分にとって死活的な利益のないところには介入しないが、是々非々で儲かりそうなところには介入する**という考え方ですね。本当にアメリカにとって死活的に重要なところだったら、どこへでも行く。これは、「新・帝国主義」です。そうでなければ放っておく。

田原　アメリカのやった戦後の大戦争のほとんどで、米軍は日本列島から出撃していった。歴代大統領は、日米同盟は最重要の同盟と繰り返してきた。だから日本は、これまではアメリカにとって死活的に重要だったと思うけど、トランプで変わるのか？

佐藤　重要度は、以前よりは薄れるでしょう。でも、日本にとっては、米軍がいてくれたほうがいい。だから、**日本は駐留米軍経費を全額負担しろとアメリカがいえば、日本はあと3割増しくらい出せばいい、**と私は思います。自立する軍事力を整備し、核兵器も持っ

て、日本は自衛隊だけで守るとなったら、年に数兆円の防衛費だったのが年に二十数兆円くらいに膨らむでしょう。しかも国民皆兵なんてことになるのはよくない。

田原　アメリカは日本や韓国やドイツに米軍を置いている。トランプは「経費はすべて先方にもたせる。いやといえば撤退する」と公言した。

佐藤　それは、ようするに「俺たちは民営化する」と。いままでみんなアメリカはタダでサービスする世界の警察だと思っていたけど、**これからは世界のセコムになる。だから改めて契約しろ。**守ってほしいならあんたが全部払ってくれ、という発想です。

田原　本気でそう思っているんですかね？

佐藤　本気で思っていると思います。アメリカ人はこれまで、格好悪いからそういうことはいわなかったんです。まるで傭兵《ようへい》みたいですからね。

田原　民主主義を広めるミッション、聖なる使命だとかいえば、そりゃ格好いいからね。日本の事情がわかってきたようで、撤退論は撤回しましたけど。

佐藤　でも、いま話したことがトランプの本音です。危険なところには民間の戦争請負会社なんかをガンガン送っていくようになると思います。

本来は共和党的でないトランプ支持集団が、共和党を乗っ取った

田原 大統領選挙中、トランプを批判する声は共和党からもあがりました。今後どのように共和党と折り合いをつけていくのか。ここはどうですか？

佐藤 昔、新左翼方面に「加入戦術」というのがありました。たとえば革マル派の連中が、本籍を隠して社会党員になってしまう。社会党という組織を使えるし、社会党の看板で動いたほうが動きやすいからです。アメリカでも、ネオコン（新保守主義）の連中は同じような加入戦術で共和党に入っていきました。同じように今回、**トランプ支持の連中が共和党をハイジャックした**んだと思います。

トランプを支持する共和党は、リンカーンを生み出した本来の共和党ではなくて、一つはティーパーティという宗教保守派、宗教右派の連中です。もう一つはネオコンの連中です。どちらも共和党的なものではありません。

田原 ネオコンと共和党は、どこが違うんですか？

佐藤　ネオコンは、力によっても世界に民主主義を広めていく。共和党の伝統的な棲み分け外交や孤立主義外交と違い、普遍的な価値観を世界に押しつけるから、むしろ民主党的です。ネオコンの源流は30年代にニューヨーク市立大学で学んだトロツキストたちで、後に「ニューヨーク知識人」と呼ばれた連中です。トロツキーの世界革命思想が、共産主義世界革命ではなく民主主義世界革命になった感じですね。彼らが加入戦術で共和党に入り、中東を民主化すると叫んでイラク戦争を主導しました。

田原　ティーパーティもネオコンも、加入戦術で共和党を乗っ取ったわけだ。

佐藤　そう。共和党は、トランプたちの利権集団、トランプを支持してとにかく権力を握りたいと考える連中によって、ようするにハイジャックされてしまったわけです。

というのは、新しい政党を作るより、既成の政党を乗っ取るほうが早い。アメリカの政党は、日本の政党と比べて加入要件がごく緩く、サインするだけで入れる。トランプも何度も政党を変えていて、民主党にいたこともあります。

田原　そうか。トランプは共和党と妥協するのかと思ったら、乗っ取るのか。

佐藤　バブル期に仕手集団の光進が蛇の目ミシンを乗っ取った光進事件みたいなものと思

えばいいんです。あるいはこれもバブル期、商社のイトマンを利用して許永中だの伊藤寿永光だのという連中が住友銀行の磯田一郎に接近し、住友銀行から巨額の融資を引っ張り出した事件みたいなもの。住友銀行が共和党で、共和党の指導層は磯田さんたち。トランプは、伊藤寿永光プラス許永中。そんな感じでしょう。

田原　住友銀行における伊藤寿永光と許永中ね。イトマンから闇に消えたカネは、イトマン本体から360億円、住友銀行の融資分と合わせれば3000億円以上という大事件だった。

ところで、アメリカの共和党の首脳部は、その構図をわかっているんですか？

佐藤　わかっていると思いますが、どうしようもないんでしょう。住友銀行のトップたちがわかっていたけど、どうしようもなかったのと同じで。

トランプ政権では、今までの主流派が外され、若手の活躍する場が広がる

田原　『ワシントン・ポスト』が女性に関するトランプ発言を暴露したとき、共和党の下

院議長が、もうトランプを支持しないといった。

佐藤　反トランプ文書に100人くらいが署名しました。まさかトランプが当選するとは思わないから、「この紙に名前を連ねておいたほうが、この先、共和党ではプラスになるな」と。ところが、彼らはトランプ政権下では絶対に公職につけなくなってしまった。共和党のメインストリームの100人が、当面は日陰者状態ですよ。

その結果、有象無象《うぞうむぞう》の連中にチャンスがめぐってきた。第二線にいた連中や若い連中は「やった！　チャンスだ！」というわけです。日本で戦後、政財界の指導者たちが公職追放で軒並み追い出されてしまったことがありました。代わりに若手たちが重要なポストについたでしょう。それに似た状態です。

田原　そのことは、アメリカにとってプラス？　マイナス？

佐藤　停滞や混乱で短期的にはマイナスでしょうが、中長期的にはプラスだと思います。**アメリカも高齢化で制度疲労が深刻ですから、若い血が入ってくることは大きなプラスです。**私も50代後半になって、考え方が高齢者に近くなってきました。というのは、若い連中に育ってほしいと思うと同時に、若い連中に任せると危なっかしいなと思う。でも、みんながそう思うこと自体が、実はたいへんな制度疲労なんですね。心配してもしょうがない。目をつぶって、エイヤッとバトンタッチしたほうが本当はいいんでしょうね。

田原　逆にいえば、**制度疲労を起こしているからトランプが勝ったんだ。**アメリカのいまのエスタブリッシュメントは、制度疲労が高じたどうしようもない連中だ、と。

佐藤　そう。トランプ自身は70歳ですが、彼の台頭によって、20代から40歳くらいまでの若手が活躍する場が広がります。ここがトランプ政権のおもしろさです。

田原　たしかにおもしろい。共和党のメインフレーム、中枢メンバーがはずされるということは、共和党の既得権益を握った連中がはずれることだから。

佐藤　同感ですね。トランプという人は、旧来型の経営者と新しい経営者の蝶つがいのような印象があります。そのどちらにも翻訳が可能な人というか。古い時代の人とも、新しい時代の人ともいえない「過渡期」の人なのかもしれません。だから**トランプ政権の4年または8年のうちに、新しい政治が生まれてくるんじゃないか**という感じがします。

マジックワード「私は低学歴の人たちが好き」が、眠っていた票を呼び込んだ

田原　トランプは、下品で矛盾したこともさんざん口にするけど、うまいことをいい、聴衆を惹きつけるのは上手だね。

佐藤　物事の見せ方というのは、とても重要です。物事の中身そのものよりも重要な場合がありますよね。トランプは選挙中、「私は低学歴の人たちが好きだ。彼らを代表する人が、いまアメリカにいない」といった。あれには感心しました。

田原　アメリカのマスコミは、トランプ支持は低学歴の人間たちか、と誤解してしまった。そうではなく、高学歴の人たちもトランプを支持していたんだ。

佐藤　私たちは、マルクス主義の呪縛が抜けない部分が、いまだにあるんです。『共産党宣言』やマルクスの『ルイ・ボナパルトのブリュメール18日』にルンペンプロレタリアートについての記述がある。これは無産階級や労働者階級のなかで革命意欲を失った極貧層

のことで、しょっちゅう職を替え、社会の最底辺でギリギリ生きている連中です。ところが、マルクスの言い方がひどい。「あらゆる階級の中のクズ、ゴミ、カス」といっています。組織化されておらず、カネになびき、簡単に当局に買収されるやつらで、革命を目指す労働者にとってまったく邪魔な存在だ、と。

でも、普通選挙のいまは、組織労働者も、しょっちゅう職を替えている人も、失業者たちも、一票は一票ですね。マルクスが切り捨てたようなしょうもない人たち、**選挙になんか行ったことのない人たちを、投票所に連れていく才能が、トランプにはある**わけです。**そのマジックワードが「私は低学歴の人が好きだ」**ですよ。

田原　なるほど。よくわかる。大したものだ。ポジティブな意味の反知性主義だね。

佐藤　朝日新聞が書きましたが、トランプ選対本部に電話がかかってくる。「投票所に行ったことがない。選挙をするにはどうすればいいのか。やり方を教えてほしい」と。これは、やっぱり力です。トランプというのは、ものすごい才能のある男だと思います。

「一発屋」の「一発芸」でも、「1回の勝負で結果」を出す強さをトランプはもっている

佐藤　トランプを知るのにお薦めの本が2冊あります。一つはワシントンポストの『トランプ』。トランプ本人が「読むな。くだらない本だ」とツイートしていますけど。もう一つは、金持ち父さんで知られるロバート・キヨサキとの共著『あなたに金持ちになってほしい』という本。こちらのほうがトランプらしい。当時の書評はどこも絶賛でした。

田原　1冊目は読みました。2冊目はどんな内容？

佐藤　私はさまざまな駆け引きが大好きだとか、誰にでもビジネスを勧めるわけではない、才能のある者だけだとか、ビジネスをどんどん大きくしていくおもしろさとか、トランプ流の人生指南書みたいな内容です。トランプのものの考え方がよく出ています。読むと、トランプというのは非常にチャーミングな男だとわかります。

田原　態度がデカい大男のくせに、憎めない、かわいい感じもあるんだよね。

佐藤　トランプは、いままで何回か大統領選挙に出ようとしてラッパを吹いたことがあるけど、結局、1回しか勝負をしなかった。そして、その**1回でアメリカ大統領になった。**勝負は1回しかできない。自分の新しいもの、珍しいもの、新奇なものは、1回限りしか通用しない。そんな感覚が、彼には強いと思うんです。

だから一発屋で、一発芸で決める。俺のやり方は1回しか通用しないんだ、と。それを予備選と本選の長丁場で毎日続けていたんだから、強靱な精神力がなければできません。これも、たいしたものだと思います。

オバマの失敗から学んだトランプの最大の関心事は、次の中間選挙で勝つこと

田原　トランプは今後、選挙中に公約した数々のことを実行していくわけですが、佐藤さんはどこに注目しますか？

佐藤　トランプが、いま考えているのは、**とにかく2年後の中間選挙で勝つということだ**

けです。トランプというのは賢くて、オバマの失敗から学んでいます。

田原　オバマの失敗とは？

佐藤　オバマ前大統領は「チェンジ！」といって、**あれだけ人気があったのに、2年で失速してしまった。中間選挙に負けたから**です。それで決められない政治になってしまった。トランプは、その轍《てつ》は絶対に踏まないつもりでしょう。

田原　何をやるにも中間選挙を念頭に置くわけだ。

佐藤　だから、**基本は内政重視です**よ。国内でプラスになり、自分の支持を増やせそうなことは何でもやる。外に敵をつくってもやるから、日本車が標的になりかねない。アメリカにカネと雇用を引っ張ってくることにも、強い関心があります。

田原　２０１６年12月に会った孫正義さんを、両手を挙げてもてはやした。

佐藤　安倍さんに対する扱いとまったく違いました。にこやかに一緒に登場して、写真も撮って、もう友だちだよ、と。ぶら下がり取材にも応じていました。孫さんが5・7兆円の投資をする、５万人の雇用をつくるといったからです。そのカネをサウジアラビアから引っ張ろうが日本から引っ張ろうが、どうでもいい。とにかくカネを持ってきて、雇用を増やせば大歓迎だ、ということですね。あとは移民問題の解決でしょう。

田原　それで中間選挙まで2年、勢いを失わずにいける？

佐藤　**アメリカの基礎体力を考えれば、2年は引っ張りきれる**でしょう。新・自由主義的な規制緩和を堰《せき》を切ったようにやらせて、儲けるヤツはアメリカでどんどん儲けてくれといえば、世界中からカネが集まり、アメリカも潤う。アメリカの強いものを、より強くできる。しかし、**格差は拡大するから、そこをどうごまかすか**です。

田原　エコノミストには、17年後半にも失速するという見方と、大丈夫2年はいけるという見方がある。2年続きますか？

佐藤　2年続くと思う。そこはトランプ政権は頑張って、無理やりにでも経済を引っ張っていくと思います。もちろんヨーロッパの不確定要素はあります。たとえば、各国の選挙で極右が力を得てヨーロッパが大混乱しかねない。ヨーロッパというのは、そんなに民主的なところでも少数派に対して優しいところでもありませんから、ヨーロッパの経済が悪くなり、強いエゴが出てきて、それがアメリカに向かう恐れもあるでしょう。

田原　わかった。第3章でそのヨーロッパをやりましょう。

第3章
ヨーロッパ世界を知るための教養

本章を読み解くキーワード

＊汎ゲルマン主義
＊シーパワー

移民問題で芽生えた「国民」意識が、イギリスをEUから離脱させた

田原　佐藤さんはヨーロッパをどう見ていますか。イギリスが2016年6月、EUから離脱するかそれとも残留かと問う国民投票を実施した。僕が知り合いの政治家・学者・ジャーナリストたちに聞いたら、全員が絶対に残留するといったが、結果は離脱だった。イギリスは、なぜEUから離脱するんですか？

佐藤　イギリスの正式な国名は、「the United Kingdom of Great Britain and Northern Ireland（グレート・ブリテン及び北部アイルランド連合王国）」です。長い名前ですが、**民族を示唆する言葉が一言も入っていない**ことに注意してください。ウェールズ人、イングランド人、スコットランド人、アイルランド人という人びとは存在しますが、ブリテン人や北部アイルランド人というのはいません。

ということは、イギリスは近代国家の格好をしていますが、実は近代的な国民国家ではない。**同じ王様を戴《いただ》いていますという「同君連合」なんです。**だから貴族制度が残ってお

り、自分たちは均質な国民だという意識がない。イギリスのパブに行くと、いまだに扉が二つある。労働者用入口のパブと中産階級用入口のサルーンといいます。昔は店の中も二つに分かれていました。郊外電車も一等車と二等車に分かれています。

田原　どうしてですか？

佐藤　戦争が始まれば、ノブレス・オブリージュ（貴族の責務）で貴族たちが出向く。オックスフォードやケンブリッジを出た彼らは、広い土地の大邸宅に住む貴族で、エリートとしてさまざまな政策の意思決定ができる。それでいいんだという感覚があった。

ちくま学芸文庫に『ハマータウンの野郎ども』というおもしろい本があります。「野郎ども」とは、イギリスの伝統的工業都市の労働者階級で、中学（セカンダリー・モダン・スクールといい職業教育の比重が高い）卒業後すぐ就職する不良たち。

彼らは高等教育を受けて上昇していくのは格好悪いと思い、あえて落ちこぼれる。教師に反抗し、酒や煙草をやって悪ふざけし、対抗文化のパンクやロックにどっぷり浸かる。でも、彼らは働くことには素直に順応して、次世代の労働者になっていく。そんな既存の階級や社会体制が再生産される仕組みを、丁寧なフィールドワークで描いた本です。

田原　落ちこぼれで、社会秩序に猛烈に反抗しても、働くことには意外と従順なんだ。オヤジが配管工だから俺も、オヤジが工場勤めだから俺もというように、階級が固定していくんですね。

佐藤　そうです。上のほうの連中は自分たちのやりたいようにやっているが、結局は皆のためになるんだからいいや、という発想だったんです。しかし、いまやそれが崩れてきた。あの連中は俺たちの代表じゃない。うまい汁を吸っているだけだ。彼らがEUだの何だのと余計なことをやって移民を増やし、俺たちはヒドい目にあわされている、と。

そこで初めて「国民」という意識が出てきたんです。イギリス人のイギリス、スコットランド人のスコットランド、ウェールズ人のウェールズにあって、上層の連中は本当のイギリス人や本当のスコットランド人じゃない、という感じです。そんななかで国民投票をやったらEU離脱が通ってしまった。だから、**民族主義の逆襲という側面**があります。

イギリスのEU離脱で、ヨーロッパとアメリカの間に入る「クッション」が失われる

田原　イギリスのEU離脱で、どんなことが起こりますか？

佐藤　イギリスがEUから抜ける意味は、ものすごく大きい。私たちは、ヨーロッパ大陸のすぐ脇にイギリスがあり、大西洋を隔ててアメリカがあると思っているでしょう。

田原　イギリスはヨーロッパにごく近い島。ドーバー海峡は泳いで渡れる。

佐藤　地理的にはそうです。しかし、**政治的・思想的には、イギリスは大西洋の真ん中くらいにある島と思ったほうがいい**んです。

田原　実は**イギリスは思いのほかアメリカに近く、ヨーロッパからは遠い。**

佐藤　そうです。歴史を振り返っても、アメリカ的なるものとヨーロッパ的なるもの、とくにドイツ的なるものとは相性が悪く、うまくかみあわない。

ドイツ人というのは、技術力があってよく働くけど、思い詰めてヘンなことをやる天才

です。ドイツ人ってカネの使い方を知らない。遊ばないし、うまく遊べないんじゃないですか。旅行も団体で無理やり出さないと行かない。家に帰ったらレンガを積んだりガーデニングをするくらいしか楽しみがなくて、あとは通帳にカネがたまるのを楽しんでいるわけです。勤務時間は短いですが、集中力が尋常ではなく、厳しく規制しないと働きすぎてしまう。朝はココアと固くパサパサしたパン1個。夜も温かいものを食べない。冷たいソーセージを切ってパンに乗せて食べたりして、粗食に耐えている。

田原 粗食ね。ドイツ料理で思い浮かぶのは、ソーセージかアイスバイン（塩漬け豚かたまり肉の煮込み）なんかの肉と、すっぱいキャベツと、ジャガイモだものね。

佐藤 ドイツ人は生真面目すぎて、つまらない。ノリが悪く、羽目を外す感じがないでしょう。そんなドイツ人とアメリカ人をぶつけたら、理屈が合わないですよ。**その間に入ってくれるのがイギリス人です。**相性が悪いところにイギリスというクッション、一種の翻訳機が入って初めて、互いの話がかみあった。

戦後ずっとそうで、イギリスがいるから、まあまあといろんなことをごまかすことができたわけです。しかし、イギリスのＥＵ離脱で、クッションがなくなってしまう。すると、ヨーロッパとアメリカが直接ぶつかってしまい、ぎくしゃくしてくる。

今のヨーロッパの混乱は、「ドイツの病理」に原因がある

田原　ヒトラーも、思い詰めてああなっちゃったわけだから。

佐藤　ヒトラーみたいにヘンなやつを、なぜみんながサポートしたのか。イアン・カーショーというイギリスの歴史家が書いた『ヒトラー』という評伝があります。サブタイトルが上巻『1889-1936 傲慢』、下巻『1936-1945 天罰』で、２０００ページくらいある。

ヒトラーの伝記の決定版ということになっていますが、この大著を読んでも、ヒトラーが根っからの独裁者だったのか、本当は弱い人間なのにいくつかのグループに支えられて仕方なくああなっちゃったのか、よくわからないですね。

田原　あ、そうですか。

佐藤　過去にあれだけのことをやった。ドイツに病理があったことは間違いない。

田原　ユダヤ人などを組織的に大量虐殺したホロコースト。絶滅収容所を建設し、

600万人を抹殺するというのはね。

佐藤　**いまのドイツに病理があることも間違いありません。**今日のヨーロッパの混乱、たとえばギリシャに代表される混乱だって、こんなのはドイツ人がカネを貸し付けたせいですから。バブル期の貸し手責任と借り手責任と同じで、ギリシャにカネを貸したらこうなることは、わかっていた話です。それなのにドイツは、カネを貸し付けなければいけないという強迫観念に追われているんですよ。

EUの格差拡大は、どうにも解決できない構造問題として今後も続く

田原　EUがなくユーロもなければ、ギリシャ経済が傾いても為替調整が利き、バランスが回復する。マルク高ドラクマ安になるから、ギリシャではドイツ車が値上がりして売れなくなり、ドイツではギリシャのオリーブや海産物が値下がりして売れるようになる。つまり、ドイツの輸出・ギリシャの輸入が減って、ドイツの輸入・ギリシャの輸出が増える。ドイツからギリシャへの投資も観光も、割安になって増える。

ようするに通貨が異なっていれば、ある国が不況になったとき為替が変動し、その国の景気をよくするメカニズムが働く。ところがユーロにしちゃったから、このメカニズムが働かないんですね。

佐藤　そうそう。**問題は通貨が共通でも国が違うから、ドイツがギリシャを助ける手立てがないことです。**同じ国内なら、東京で吸い上げたカネを地方交付税交付金として地方に回すことができますが、そんな財政移転の仕組みがありません。だからドイツはカネを貸し込み続け、ギリシャ経済はどんどん悪化する一方になってしまう。

田原　そこに08年のリーマン・ショックで世界的な金融危機が広がり、ギリシャ政府の粉飾決算がバレたのをきっかけにユーロ危機、欧州債務危機が起こった。

深刻な危機は去っても、依然として根本的な解決はできない。ＩＭＦ（国際通貨基金）、ＥＵ、ＥＣＢ（欧州中央銀行）などが集まり、第一次（10年に１１００億ユーロ）、第二次（12年に１３００億ユーロ）、第三次（16年から３年間で最大８６０億ユーロ）と、ギリシャに資金投入する支援を続けている。

佐藤　瀕死の状態になればカンフル注射、薬が切れてきたらまた注射で、いつまでたっても根治できない。人・モノ・カネの移動が自由で、通貨ユーロが共通で、しかし各国の政治と財政は別のままという現在のEUである限り、ギリシャ問題をはじめ南欧・東欧などEU内の格差問題は、解決できない構造問題として引き続くでしょう。

経済危機があちこちで断続的に出てくるかもしれない懸念があるところに、中東や北アフリカからの移民問題が加わって、ヨーロッパは不安定。そんななかドイツで極右が力を持ったら怖い。オーストリアだって、極右が出てくる危険性があったわけです。

田原 16年12月のオーストリア大統領選は、緑の党ベレン元党首が勝った。でも「反エスタブリッシュメント・反難民」を掲げる極右の自由党ホーファー候補に、かなり追い込まれた。得票率53％だから、ぎりぎりの勝利だった。

1940年のヨーロッパ地図を見れば、日本が当時のドイツと組むのは当然だった

佐藤 ヨーロッパでは、オランダやベルギー、あるいはスペインやポルトガルがブツブツ

いっても影響力は小さい。ギリシャは昔からブツブツいっているけど、これも痛くもかゆくもない。**ヨーロッパは、結局はドイツとフランス、しかも圧倒的にドイツです。**

ドイツの力がEU内で急激に強まっています。これまでは、マルクが形を変えたユーロという経済的な影響がもっぱらだったけれども、今後はドイツの政治的な影響が露骨に出てくる。

田原　EUはつまり「ドイツ帝国」だ、とエマニエル・トッドがいっていますね。

佐藤　そう、トッドはそこをよく見ています。田原さんも本を書かれていますが、日本はなんであんな戦争を始めてしまったのか。ヒトラーのドイツ、ムソリーニのイタリアと組む三国軍事同盟なんて、なんであんな馬鹿なことをやったんだ、と日本人は思ってきましたね。でも、われわれはヨーロッパについて改めて別の考え方をする必要がある、と私は考えています。

田原　別の考え方？　どういうことですか？

佐藤　当時のヨーロッパの地図を、もう1回見てみるのですよ。日独伊三国軍事同盟が成立したのは、ドイツのポーランド侵攻から第二次世界大戦が始まったおよそ1年後の

1940（昭和15）年9月です。

当時ドイツの東側はポーランドまでドイツ領。ハンガリーもルーマニアもブルガリアもドイツ同盟国。アルバニアはイタリア植民地でユーゴスラビアもドイツ影響下。西側はフランスがほとんど占領されちゃってヴィシー政権。スペインとポルトガルはドイツに好意的な中立。アイルランドも反イギリスの立場からドイツに好意的な中立。中立国でアメリカ側に立ったのはスイスくらいで、武装中立のスウェーデンはどちらかといえばドイツに近かった。反ソのフィンランドはドイツの同盟国でノルウェーは占領された。**40年頃のヨーロッパの地図を見れば、ドイツと組まないほうが「非常識」なんですよ。**

田原　そうか。ヨーロッパというのは、つまりドイツなんだ。

イギリスのEU離脱で、「戦前のヨーロッパ」が戻ってきつつある

佐藤　その意味のヨーロッパが、いま再び戻ってきつつあるんです。当時ドイツの影響が及ばなかった唯一の国がイギリスです。だからイギリスとヨーロッパが組むことは、ヨー

ロッパがドイツドイツしないというか、ドイツ化させないために非常に重要だった。**イギリスがEUから出ていくことで、ドイツ問題が大きく急浮上してきた**んです。

田原　イギリスは、時間をかけてEU離脱を準備し、なるべく経済的なダメージが少なくなるように、残せるEUとの関係はできるだけ残そうとするのかと思ったら、違った。メイ首相はハードな「完全離脱」を急ぐんですね。

これをトランプが「すばらしい！」と大絶賛した。佐藤さんは、イギリスは大西洋の真ん中にある島といったけど、トランプはそれをさらに西のアメリカ側に引き寄せようとしているように見える。トランプは同時に、「ほかの国も離脱するだろう」「メルケル独首相の移民受け入れは破滅的な過ちだ」などといって、EUを怒らせた。

佐藤　メルケルは「われわれヨーロッパ人の運命はわれわれの手中にある」、フランスのオランド大統領も「外からの忠告は必要ない」と反論しました。放っとけとね。

かつてアメリカを植民地としていたイギリスは、同じアングロサクソンで、英米は昔から兄弟国のようなもの。イラク戦争でも組んで、開戦に反対した独仏とは対照的だった。そもそも英米は、シーパワー重視の海洋国家という共通点があります。かつて七つの海を支配した島国イギリスは当然として、モンロー主義のアメリカも北米・南米大陸の国境線には興味がないから巨大な島のような存在で、つまり海洋国家なんです。だからランドパワーの大陸国家と衝突する。ドイツは大陸国家の典型ですからね。

英国が抜けて、したたかなドイツは、ますますエゴを周辺国に押しつけてくる

田原　そのドイツのメルケル首相は、移民問題で危ないのでは、といわれている。

佐藤　メルケルは難民や移民に対して優しいと思われていますが、実はもっと冷徹な話。メルケルは狡猾《こうかつ》ですよ。とりあえず**入口では移民を受け入れても、そのあと選別する。**医者のように優秀な技術を持つ移民はドイツに残し、技術がない連中はチェコやポーランドなど周辺の東欧に出してしまう。

フォルクスワーゲンは91年にチェコの自動車メーカー「シュコダ」を買収している。たとえば、そこで働かせるんです。移民については、ドイツは狡猾に計算して、簡単には入

れさせない。しかも、汚い仕事やつらい仕事は移民にやらせて、彼らから絞り取っています。

ドイツの脱原発政策も同じ構図。ドイツは原発を減らそうとしているが、チェコやポーランドに新しい原発ができる。これは全部ドイツのエネルギー供給用です。ドイツ本体はあれこれ格好つけるけど、しわ寄せは全部周辺にいくように仕向けています。

田原 原発をやめると決断したドイツは、非常に筋が通っていると思ったけど。

佐藤 筋は通っているけど、電気はフランスなりポーランドなりチェコなりの原発から買うという話。自分だけ格好よく脱原発で、実はよそに押しつけている。**イギリスのEU離脱で、ドイツのエゴイズムがますます露骨に出てくる**でしょう。やはりドイツはイギリスが怖かったんです。大戦争を2回やって、2回とも負けているから。

田原 第一次と第二次の世界大戦。

ヨーロッパは「ドイツ封じ込めに失敗した」20世紀だった

佐藤 ドイツという国は、20世紀の大変な病理です。エリック・ホブズボームというイギリスの歴史学者が、19世紀は100年より長く、20世紀は100年より短いといっています。19世紀は実質的に1789年のフランス革命から1914年の第一次世界大戦勃発まで。だから100年より長い。20世紀は第一次世界大戦勃発から91年のソ連崩壊まで。だから100年より短い、と。

では、20世紀最大の問題は何か。ソ連共産主義かと思ったら、ホブズボームはドイツだという。第一次大戦は、新興帝国主義のドイツを封じ込めるためにやった。一応は連合国側が勝ったけど、20年間の休戦をへてナチスドイツが頭をもたげてきたから、また第二次大戦をやった。**二つの大戦は別々の戦争ではなく、20世紀の「31年戦争」だった。**

田原　ドイツは、20世紀の3分の1近くも続いた31年戦争に負けた。

佐藤　ボロボロに負けた。ところが、いまヨーロッパを見わたすと結局、勝ったのはドイツじゃないか、と。「試合に負けて、勝負に勝った」というじゃないですか。それと同じです。結局、**ヨーロッパがドイツ封じ込めに失敗したのが20世紀だった。**

田原　第一次大戦が終わったとき、なぜヨーロッパは莫大な賠償金を求めて、あれほどドイツをいじめたんですか?

佐藤　いじめにいじめてボコボコにしておけば、立ち上がれなくなる。

田原　いじめすぎたから「断じて許さん！」と叫ぶヒトラーが出てきた。

佐藤　そうなんです。ところが『ピースメイカーズ』という本があって戦後賠償の実証研究なんですが、実はドイツはそれほどいじめられてなかった、と。実際は支払い繰り延べなどがあって、まったく生活できないほど搾り取ったわけではない。あれはシンボリックないじめだった、という見方もあります。ここは歴史学者の間で論争になっています。

田原　よくいわれるのは、ドイツをいじめすぎてヒトラーが出てきた教訓から、第二次大戦で負けた日本をいじめてはダメだ、とアメリカは大事にした。

佐藤　それはそのとおりです。いずれにせよ、**ドイツは、たいへんな馬力を持っている国であると同時に、ものすごく面倒くさい国だ、**ということは間違いないですね。

ドイツ統一の結果、「暗いほうのドイツ」が強くなってしまった

佐藤　注目すべきはドイツのリーダーの出自です。メルケル首相は東独出身で牧師の娘、

ガウク大統領も東独出身で現職の牧師なんです。彼らはプロテスタントのルター派（ルーテル派）的で、仕事ばかりして人生をエンジョイしない。プロイセンやザクセンなど、北ドイツや東ドイツの暗い感じがする人たちです。

バイエルン、ザール、ラインラントといった南ドイツや西ドイツは、カトリックが多く、みんなでのんびり楽しくやりましょうという明るい感じです。

田原　統一前の東ドイツは暗く、西ドイツは明るい。それはソ連側と欧米側だからというだけではなくて、宗教的にも精神的にもそうなんだ。

佐藤　そうです。ところが**ドイツ統一で明るいドイツと暗いドイツが一緒になったら、暗いドイツのほうが強くなってしまった。**

ある地政学の本に「東西ドイツの分裂は地政学的に大きな意味がある。東ドイツは大陸国家だが、西ドイツは海洋国家の要素が非常に強く、両者はまったく異なる」とありました。その東西ドイツ統一で、プロイセンの鉄血宰相ビスマルク（1870年前後の普墺戦争や普仏戦争を勝利に導きドイツ統一を果たした）とか、軍国主義的・帝国主義的なカイザー（ドイツ皇帝）ヴィルヘルム2世など、昔のドイツの体質が戻ってきた感じを受けますね。

田原　ビスマルクは東ドイツですね。でも、統一するときは、経済力の強い西ドイツがお荷物の東ドイツを背負い込んでたいへんだ、という話だった。豊かなほうが貧しいほうに飲み込まれてしまったのか。

佐藤　2年ほど前、ヒトラー『わが闘争』のバイエルン州公式版という本が出たので、4か月ほどかけて入手しました。電話帳より大きな2冊本で、合わせて5キロくらい。普及しないように、持って歩けないように、あるいはコピーしにくいように、わざとデカくしているんですね。ふつうの人は図書館の備え付けでしか読めないでしょう。

読むと、至るところに注がついていて、本文より脚注のほうが多い。**ヒトラーへのこだわりに、感心を通り越して、ドイツの怖さを感じました。**

EU解体につながりかねない極右的な動きは、無視できなくなっていく

田原　フランス、オランダ、イタリアなどでも、EU解体につながりかねないナショナリ

ズムが、どんどん盛んになってきました。どう見ますか？

佐藤　ヨーロッパの極右的な動きは無視できなくなるでしょう。前に申しあげたように一言で「ナショナリズム」といっても、**「民族主義」の要素と「国家主義」の要素があって、複雑に絡みあっている。**

二つの要素が一緒になって「俺たちの国であり、国家なんだ」という形で外へのナショナリズムが強まるのは、たとえばフランスでしょう。二つの要素が別々になる例は、たとえばベルギーです。オランダ語を話すフランデール人もいればフランス語を話すワロン人もいて、彼らは「俺たちベルギー国家」という発想にはならない。怠け者のフランデール人のために、あるいは逆にワロン人のために、なんで俺たちが働かないといけないんだ、というふうに割れている。

民族主義と国家主義の二つの傾向がありますが、いずれにしてもナショナリズムは強まります。というのは、やっぱり**新・自由主義が行きすぎ、何事もカネで解決できるとなって格差が広がり、国民がバラバラになってしまった。**でも人間は群れを作る動物だから、それではやりきれない、というところでしょう。

イスラム排斥や移民排斥が強まる結果、「反イスラム」と「反ユダヤ」が広がっていく

田原　フランスでは、オランドが２０１７年春の次期大統領選に出馬できず、真ん中よりやや右か、もっと右の勝負になる。６月には国民議会選挙がある。どう見ていますか？

佐藤　**面倒くさくなるのが反ユダヤ主義です。**エマニエル・トッドがいっていることですが、ちょっと複雑な話なんです。右翼的な流れが強くなると、イスラム排斥や移民排斥が強まる。するとイスラム側は、金持ちのユダヤ人たちがやっていることだ、と反ユダヤ主義的に受け止める。ヨーロッパでユダヤ人はいい目を見ているのに、自分たちはヒドい目にあっていると。そこでユダヤ人をテロの対象にして襲撃したりする。

15年1月、イスラム過激派がパリのコシェル（ユダヤ教で食べてよい食物）専門スーパーを襲撃し、人質事件を起こしたでしょう。彼らはシャルリー・エブドを襲撃した連中との連携を表明していた。ところが大多数のフランス国民は、ユダヤ人の置かれている境遇に

は無関心。結果として反ユダヤ主義が蔓延し、ユダヤ人排斥が起こってくる。

田原　フランスは、ヒトラーにやられたユダヤ人に同情しているのではない？

佐藤　同情ではなく、無関心です。ドイツもヨーロッパ全体も無関心。ヨーロッパの根っこにある反ユダヤ主義が無関心という形で出てきて、結局は反イスラムと反ユダヤが広がってしまう。エマニエル・トッドが心配していますが、とても合理的な分析だと思います。

田原　17年9月には、ドイツで連邦議会選挙がある。どうなりますか？

佐藤　現在の状況で予測できる人はいないと思うんです。アメリカの選挙もフランスの選挙もそうですが、この種の選挙分析は変数が多すぎて、1か月以上の先は見通せないと思います。

NATOの国々にも軍事費をもっと出せとトランプが文句を言っている

田原　もともと海洋国家と大陸国家の違いがあるところに、トランプの登場でアメリカとヨーロッパがぎくしゃくしていく。そのアメリカとヨーロッパが一緒にやってきたのがNATO（北大西洋条約機構）という軍事同盟です。これも東西対立の産物で、長くワルシャワ条約機構と対峙してきた。つまり、西欧のどんな小国であれ、ソ連や東欧がちょっかいを出せば、西欧とアメリカ全体への攻撃と見なして集団的自衛権を発動し、NATO軍として反撃する、と。

佐藤　そうそう。ところが東欧とソ連の崩壊で、NATOの相手がいなくなっちゃった。と思ったら、イスラム過激派がいたと。01年の9・11米同時多発テロでは、NATO全加盟国はアメリカに対するテロ攻撃をNATO全体に対する攻撃と見なして集団的自衛権を発動し、アフガン戦争などに出兵した。NATO全加盟国が一致して集団的自衛権を発動したのは、このときだけです。3か月ほどたって国連の集団安全保障措置としてISAF（国際治安支援部隊）ができると、NATO軍は有志連合軍（多国籍軍）に衣替えしています。

田原　ところが、世界の警察をやめるトランプは、NATOにもあれこれ文句を言っている。**NATO加盟国28か国で軍事費がNATO指針のGDP比2％に達している国は、アメリカ、ギリシャ、ポーランド、エストニア、イギリスだけ。**もっと出せと。アメリカの軍事費は約60兆円とアメリカを除くNATO加盟国合計の倍以上で、GDP比にして3・6％（16年見込み）です。

佐藤　ロシアがクリミアを併合したあと、14年のNATO首脳会議では、オバマも「自由はタダではない」といって、もっと出せと言いましたけど。

アメリカがドイツから撤退すれば、世界で「核ドミノの連鎖」が始まる

田原　トランプが「カネを出せ。出さないと米軍を引き揚げる」とガンガンいい、ヨーロッパ、たとえばドイツから撤退するのではという見方が強まれば、今度はドイツで「われわれも核武装すべきだ」という声が出てくるのではないか。アメリカでそんな見方が出ているでしょう。どうですか？

佐藤　当然そうなるでしょう。それは、オバマ前大統領が引き金を引いてしまったんです。というのは、ウィーンで15年7月14日、イラン核問題の解決にむけて包括的共同行動計画を協議してきた米英独仏中ロとイランが「イラン核合意」に達した。これは、遠心分離機

1万9000基を6104基まで（高性能なものは1000基を0基に）10年で減らす、低濃縮ウラン保有量1万2000キロを300キロまで15年で減らす、保有ウランの最大濃縮度20％超を3・67％まで15年で落とすという合意です。

するど、穏健派であるロウハニ大統領のように「核兵器は当面造らない」という現政権ならばいいですが、かつてのアフマディネジャドみたいなのが出てくるかもしれない。それ以上に過激な大統領が登場して、約束を反故《ほご》にしないとも限らない。そして、イランが核兵器を造ることができるとなれば、ドイツはイランの核にさらされるんです。

しかも、イランが核兵器を保有すれば、現在パキスタンにある核弾頭がサウジアラビアに移転されるでしょう。パキスタン‐サウジアラビア秘密協定によってね。するとクウェートも持つというように、核ドミノが始まります。だから当然のことながら、ドイツも自分たちの身を守るために核を持つという話になっていくでしょう。

田原　防衛大臣をやり、いま拓殖大学総長の森本敏さんの話では、すでにアメリカはヨーロッパ各地に核兵器を配備していて、ドイツでも、アメリカとの共同管理になっているというんです。だから、非核三原則の日本とはまったく違うというのが、森本さんの解説でした。

佐藤　だから、アメリカがドイツから撤退するとなった場合、その共同管理の話を続けるかどうかですね。話がごたつけば、アメリカは核を引き揚げる、ドイツは自前で核武装するとなるかもしれません。ここでもやっぱり、アメリカ・ドイツ間を通訳するイギリスがいなくなってしまうことが大きいと思います。

第4章
ロシア・中国を知るための教養

本章を読み解くキーワード

＊ユーラシア主義

＊ランドパワー

親ロシア派が国務長官になったからといって、米ロ関係は改善するとは限らないか？

田原　第4章では「ユーラシア主義」、「ランドパワー」というキーワードを基にロシア、中国について話したい。ロシアがらみで、佐藤さんの専門である北方領土のことも聞きたい。

トランプは、ロシアのプーチン大統領を評価するコメントを繰り返し、米ロ関係を改善するという。トランプ政権の国務長官には、親ロシア派で米最大手のエネルギー・石油企業エクソンモービルCEO（最高経営責任者）だったティラーソンが就任しました。米ロ関係は、今後どう動きますか？

佐藤　親ロ派が国務長官といっても、まだわかりません。ティラーソンは、エクソンモービルがロシア国営石油会社ロスネフチと5000億ドル規模の北極海・黒海開発合弁事業をするなど、たしかにロシアと関係が深い。プーチンから勲章をもらったこともある。でも、過去のビジネスでは親ロシアでも、これから先、外交交渉でも同じかどうかはわかりませんから。

田原　親ロ派だからプーチンを理解している、プーチンと関係改善をするには打ってつけの人物だ、ということで国務長官にしたのでは？

佐藤　もちろんトランプは、プーチンとの関係を重視していると思います。しかし、プーチンも独裁者ではないですから。だから、ロシア大統領との仲よしがアメリカの外交責任者になれば、ロシアとアメリカは仲よしになるというものでもない。

プーチンもトランプも、いかにも独裁者っぽく報道されますが、違いますよ。プーチンの場合は、彼の周辺にいくつかの利権集団がある。**私たちには見えないその集団が、プーチンが独裁者だと見せつけることで利益を受けている。**

田原　なるほど。本当の独裁者と、独裁者に見えるだけの独裁者は違うんだ。

佐藤　たとえば2016年11月、経済産業大臣でロシア経済分野協力担当大臣でもある世耕弘成さんのロシア側のカウンターパート、ウリュカエフ経済発展大臣が、200万ドル（2億2000万円弱）の賄賂《わいろ》を受け取ったというのでパクられた。国営石油最大手ロスネフチが中堅石油会社バシネフチの株式を取得する件に一枚かんで、カネを寄こせとやったと。

田原 9月にロシア側が世耕大臣のパートナーとして選んだ人物が、2か月後に逮捕というのは不思議な話だ、と思った。

佐藤 いや、正確にいえば、日本側が9月2日に世耕さんをロシア側に紹介して「ロシア関係は彼に全部やらせる」と伝えたら、プーチンは「われわれも10月15日までにパートナーを決める」といった。

過去に経産大臣のカウンターパートを務めたのは経済発展大臣のウリュカエフだから、今回もそうなるだろうとみんな思っていたら、プーチンは彼を指名しなかった。ということは、プーチンはウリュカエフの内偵が始まったと知っていたからです。もちろん本人には教えてやらない。

プーチンのまわりの利権集団に利権が落ちる仕組み
そのバランスを取るのがプーチンの役割

田原　日本の報道は、日ロ経済協力のキーパーソンが逮捕された、ソ連崩壊後では最高位の高官逮捕だ、これからどうなってしまうんだ、というような調子だったけど。

佐藤　背景を知らずに報じるからそうなります。ようするに、こんな構図です。ウリュカエフともう一人、ロスネフチCEOでプーチンの側近でもあるセチンという人物の名前も報じられました。ウリュカエフやセチンは、〝同じ船〟に乗っているんです。

田原　どういうことですか？

佐藤　安倍さんは16年5月にロシア南部のソチでプーチン大統領と会談したとき、経済・民生協力計画8項目を提案しました。ロシア人の寿命を伸ばす病院整備、都市整備、中小企業支援など8分野で協力しますよ、と。そういうものが動き出し、日本とロシアの関係が改善すると、彼らは自分たちの会社を窓口としてつけてくる。結局、彼らのところに利権が落ちるわけです。

それは同時に、北方領土問題の解決と絡まっているでしょう。たとえばの話、歯舞《はぼまい》群島と色丹島《しこたんとう》の2島が日本に返還されれば、そのEEZ（排他的経済水域）が日本に移る。すると、ロシアの漁業ロビーは、これまでの利権の一部を失う。プーチンを支えている集団には、石油ロビーもあれば漁業ロビーもある。漁業のほうの連中からすれば、「おい、ウリュカエフ。お前さん他人の利権を奪って懐《ふところ》を肥やしているっていう話だな。この野郎しめたろうか」となるわけです。

田原　だけど、そんなもの、プーチンが抑える気になれば抑えられるでしょう。

佐藤　いやいや、抑えません。プーチンは、すべての利権集団のバランスを微妙に取りながらトップを維持している。そのバランスを、あえて崩したりはしません。ウリュカエフが明らかに冤罪《えんざい》なら抑えますが、彼は腐敗体質で真っ黒けの人物ですから。

プーチンを知るには、KGB流の「ケース・オフィサー」としての動きに注目すればいい

佐藤　プーチン大統領という人物をとらえるには、重要なコツがあります。それは、**どんな場合でも彼を「ケース・オフィサー」として見る**ことです。これはインテリジェンスの業界用語で「スパイ運営係」です。プーチンはKGBでずっとケース・オフィサーでした。

だから現在も、自分の周囲に人を配置するとき一対一のケース・オフィサーのやり方をします。

田原　どうやるんですか？

佐藤　まず「おい佐藤くん。ちょっと」と、二人きりで会うんです。そして、佐藤という男はどうやら利権あさりが大好きだ、とわかれば、たんまり利権をあさることができるような構図をあえて作ってやる。しかるべきポストにつけるとか、プロジェクトを任せるとか。そのとき、これ以上のことをやったらまずいからな、というシグナルだけは出しておく。こうして、**いつでも捕まえることができる状態にしておいて、忠誠心を維持させる**んです。

田原　なるほど。そういう政治家や経営者って、日本にもいそうだな。

佐藤　好例がヤヌコビッチというウクライナ前大統領。彼は腐敗した守銭奴のような男です。ロシアは彼にカネが落ちるプロジェクトを極力つくってやり、それでいうことを聞かせていた。でも、あまりにも腐敗しすぎ、国民にまったく支持されなかった。

ヨーロッパに接近するヤヌコビッチ政権が13年11月、ＥＵと協定を結ぼうとしたのをプーチンが圧力をかけて止めたら、国民が反発して追い落とし、彼はビビッてロシアに亡命してきた。ケース・オフィサーとして彼を操《あやつ》っていたプーチンとしては、「お前にはがっかりだ」という話です。

田原　プーチンが辞めさせたんですか？

佐藤　いや、プーチンが腐敗したヤツだから使えるだろうと思っていたらスタコラサッサと逃げてきたんですよ。開き直って暴徒を鎮圧してくれたほうが、プーチンにはまだマシだったでしょう。

気をつけないといけないのは、**プーチンと〝信頼関係〟がある人物は、そんな腐敗した関係があるということです。**

田原　なるほど、すごい話だな。

「1対1の取引き好き」のプーチンはトランプと気が合うが、習近平とはうまくいかない

佐藤　ケース・オフィサーのプーチンは、一対一の交渉が好きで、一対一で取り引きでき

る人物が好きなんです。

田原　トランプもディール好きだから、そこは合いそうですね。

佐藤　そう。でも、プーチンは中国との関係はうまくいかない。中国では習近平と取り引きしたって、それが軍に及ぶとどうなるか、江沢民グループに及ぶとどうなるか、という問題があります。胡錦濤だって完全に力を失っているわけではない。つまり、いくつもセンターがあるような国との交渉は苦手なんですよ。

田原　そうか。習近平は独裁者ではないんだ。

佐藤　最近、世界各地で〝独裁者〟や〝皇帝〟と形容される政治家が増えています。ナショナリズム、ポピュリズム、自国第一主義、新・帝国主義が力を得ていることと関係がある現象です。小泉さんや安倍さんなんかもそうでしょう。

　でも、安倍さんだって、決められないことはたくさんあります。というのは、気にしなければいけないグループが、いくつかあるわけです。安倍さんは、菅さんのことも気にしないといけない。麻生さんも気にしないといけない。経団連も気にしないといけない。

田原　公明党も気にしなければいけない。

佐藤　神道政治連盟も気にしなければいけない。日本会議も気にしなければいけない。そんな全体のバランスをとりながら政治をやっていく。これはプーチンもトランプも安倍さんも同じです。

ただし、安倍さんの場合は、同じ日本人だし、とくに田原さんは安倍さんをよくご存じでしょうから、だいたい見える。まわりにどんな人がいて、安倍さんがやれる限界はどのあたりまでかと、見当がつく。**プーチンやトランプにも同じ構造があるわけですが、外から見えにくい**んです。

プーチンのクリミア併合は、自分の利益を最大限主張する「新・帝国主義」の表われだ

田原　腐敗したウクライナ前大統領の話が出ましたが、クリミア半島やウクライナの問題を、どう考えますか？

佐藤　14年3月のロシアによるクリミア併合は、いまの世界に特徴的な「新・帝国主義」

の典型ですね。**相手国の立場は考えず、まず自分の利益を最大限主張する。**相手国がひるみ、国際社会も黙っていれば、権益をほしいままに広げていく。相手国が抵抗し、国際社会もやり過ぎではないかと抗議すれば、譲歩したり妥協したりする。いったん譲歩しても、機会を見つけては、権益の強化を狙って動く。

田原　その動き方は、列強時代の帝国主義とあまり変わらないでしょう。なぜ「新」帝国主義なの？

佐藤　かつての帝国主義は、強大な軍事力を背景にした植民地獲得・領土拡大がつきもので、戦争とセットになっていた。現在では、**植民地を広げる余地がなく、大国同士の戦争も起こりません**から、そこが違う。だから新・帝国主義と呼んでいます。

プーチンによるクリミア併合は、明らかに国際社会のルールを変えた歴史的な事件でした。国境線は関係国の合意なしに変更しないというのが、戦後世界の重要なルール。自国の領土を相手国の合意なしに拡大しないというのもルールです。

田原　二度の大戦争で世界中がこりごりしたから、国連もつくったし、そういうルールにしたんですね。

佐藤　そう。そのルールを、プーチンのロシアが勝手に変え、しかもそれが通ったわけです。かつての帝国主義の時代ならば、あんなに大きな半島を手に入れるには、戦争をしなければならなかった。プーチンのロシアは、戦争はせず、軍事的な圧力をかけながら、一応は民主的な手続きに見える住民投票によって、クリミアをウクライナから独立させ、それを併合するというやり方をしたんです。

新・帝国主義時代の帝国とは、ゲームのルールをつくることができる国。それ以外の国はルールに従わなければならない国。**ルールづくりができるのは、アメリカ、ロシア、イギリス、中国、EU、そして日本くらい**でしょう。

田原　トランプのアメリカは、次から次へと新ルールを打ち出してくるね。日本はアメリカのルールに従わなければならない国のように見えるけど、違うんだ。

佐藤　日本人が外交を見たり考えたりするときの問題は、**日本国の力を過小評価している**ことですよ。自分を過小評価しすぎて、できることをできないと思い込み、何もしないから、従わなければならないほうの国だろうと思われてしまうわけです。

「ユーラシア主義」のロシアは、ヨーロッパともアジアとも違う多様な大帝国である

佐藤　大陸国家ロシアには、**「ユーラシア主義」という独特の思想が根づいている。**どんな考え方かというと、ロシアは、スラブ系白人でロシア正教を信じる人びと、テュルク系（テュルク諸語を話す人びとで、中国でいう狄《てき》・丁零《ていれい》・高車《こうしゃ》・突厥《とっけつ》・鉄勒《てつろく》などもこれに入る）やイラン系でイスラム教を信じる人びと、モンゴル系でチベット仏教を信じる人びと、シベリアや北極圏の少数民族などからなる多様な大帝国。だから、ロシアはヨーロッパではないし、アジアとも違う、独自の論理と発展法則を持っている、というんです。

ロシアには大きなランドパワーがあるから、自給自足経済のユーラシア国家としてやっていける。この考え方は棲み分け理論に通じます。15年からユーラシア経済連合がスタートしましたが、各国と棲み分けながら、大ユーラシア共栄圏を築いていくというのがプーチンの考えですね。

田原　クリミアは俺たちロシアだというのは、ユーラシア主義の現われですか?

佐藤　そうです。ユーラシア主義というナショナリズム。ウクライナの東半分はロシアだというのもそうなんだけど、ウクライナの場合は「フィンランド化」という要素が入ってきます。

田原　冷戦時代、フィンランドはソ連とNATOの間にあって、資本主義陣営にとどまるが、NATOには加盟せず、ソ連を刺激せずという中立を維持した。

佐藤　フィンランドは、第二次大戦中にソ連を追い出そうとして2回戦争し、2回とも負けたからです。**ロシア側からすると、ウクライナをフィンランドのような中立の緩衝《かんしょう》地帯にしておきたい**わけです。

海洋国家は海が隣国との緩衝地帯になりますが、大陸国家は隣国と地続きだから、いきなり戦車部隊や歩兵部隊が入ってきてしまう。だから、どの国も緩衝地帯がほしい。緩衝地帯は少なくとも中立、できれば自国寄りのほうがいい。旧ソ連にとっての東欧圏、中国にとっての北朝鮮は、この緩衝地帯。だからなんとしても維持したいんです。

北方領土問題最大のポイントは、「サンフランシスコ講和条約にさかのぼること」である

田原　さて、ここから、読者も大きな関心があるに違いない北方領土について聞きたい。いま北方領土問題が大きく動き出しています。外務政務次官から追い落とされ、佐藤さんと同様に臭い飯を食わされた鈴木宗男さん（新党大地代表）が、北方領土問題のキーパーソンとして脚光を浴びています。

16年9月、鈴木さんと娘の衆院議員・鈴木貴子さんを「叱咤激励する会」というのが東京で開かれて、僕も行きました。安倍晋三さんはじめ有力政治家が集まって大盛況でしたね。番組にも何度か出てもらっています。

佐藤　田原さんはじめ応援してくれる人が大勢いて、鈴木宗男さんが北方領土について再び発言できるようになった。日本という国には、無責任でいい加減な部分がたくさんあるけど、この国はやり直しができる、これはこの国のよさだ、と私は思っています。

田原　佐藤さんから見た北方領土問題のポイントは、どんなことですか？　北方領土ではまずここに着目せよ、というところを、まず教えてください。

佐藤　大きな声でいう人はほとんどいませんが、ポイントは日本が1951（昭和26）年9月8日に連合国側と結んだサンフランシスコ講和条約です。この**条約の2条C項で、日本は南樺太《からふと》と千島《ちしま》列島を放棄しました。**条約の文面はこうです。

「（c）日本国は、千島列島並びに日本国が千九百五年九月五日のポーツマス条約の結果として主権を獲得した樺太の一部及びこれに近接する諸島に対するすべての権利、権原及び請求権を放棄する。」

田原　千島列島といっても、どこからどこまでなんだ、という話があった。

佐藤　同年10月19日、衆議院の平和条約及び日米安全保障条約特別委員会で、高倉定助という農民協同党議員が、こう質問しています。

「日本国は千島列島の主権の放棄を認められたが、その千島列島というものはきわめて漠然としている。南西諸島と違って、千島列島は大雑把ではっきりしていない。条約の原文にあるクリル・アイランドとはいったいどこをさすのか」

吉田茂首相兼外相の答えはこうです。

「その件については、外務省としては終戦以来研究し、日本の見解は米国政府に申し入れてある。後に政府委員に答えさせるが、その範囲については多分米国政府としては日本政府の主張を入れて、いわゆる千島列島なるものの範囲もきめておろうと思う。子細のことは政府委員から答弁させる」

続いて答弁に立った外務省の西村熊雄条約局長は、「条約にある千島列島の範囲については、北千島と南千島の両者を含むと考えております」と明言しました。「なお歯舞《はぼまい》と色丹《しこたん》島が千島に含まれないことは、アメリカ外務当局も明言されました」とも付け加えています。

以上をまとめると、**日本は51年のサンフランシスコ講和条約で、いわゆる北方領土のうち国後《くなしり》島と択捉《えとろふ》島の2島を、はっきり法的に放棄したわけです。**

国後島と択捉島を放棄した日本が5年後、「つねに日本の領土だった」と言い出したことを外務省は黙っている

田原　最大のポイントは、日本による国後島と択捉島の放棄。このときから、国後島と択捉島は日本のものではなくなった。ところが、放棄の話はいつの間にか消えてしまい、やがて4島返還を求めるという話になった。

佐藤　講和条約から5年後の56年2月、衆院外務委員会で森下國雄という外務政務次官が修正答弁をしています。「南千島、すなわち国後、択捉はつねに日本の領土だった。講和条約にいう千島列島の中にも両島は含まれていない」と。つねに日本の領土だったということは、国後島と択捉島の南千島2島を放棄したことは過去に一度もないことになりますね。以後、これが日本政府の統一見解になりました。

ところで外務省は、実はここまでの経緯について黙っています。別に嘘はついていませんが、ただ黙っているんです。

田原　国後島と択捉島の2島を放棄した51年からしばらくの間、52年にも55年にも「北方領土問題」なんて、存在しなかったわけだ。

佐藤　そのとおり。「北方領土問題」どころか、**そもそも「北方領土」という言葉も、56年2月以前の文献には、まったく存在しませんでした。**

というのは敗戦までは、千島列島の先端までずっと日本国ですから、わざわざ「北のほうの領土」なんていった人はいない。ソ連に占領されたあとも、占領された千島列島や国後・択捉島などを北方領土と呼んだ人はいない。ソ連に取られて、領土ではなくなってしまった。だから「北方領土」という言葉そのものが、ありませんでした。

ところが、外務省は56年3月、初めて北方領土という言葉を使いました。これは、奄美大島や沖縄を「南方領土」といったのに対して「北方領土」といったんです。「わが国固有の領土」という言葉も、このとき生まれました。

4島一括返還しか受け入れない、と日本が言いはじめた裏には沖縄を返還していないアメリカの思惑があった

田原　いったん放棄したものを、5年後に、なぜ違う扱いにしたんですか？

佐藤　51年のサンフランシスコ講和条約に、参加はしたものの署名しなかったソ連は、日本との戦争状態が終わっていなかったわけです。53年にスターリンが死去し、50年に勃発して米ソ代理戦争といわれた朝鮮戦争も休戦になると、スターリンの後を継いだフルシチョフが平和共存へと路線変更を図ります。

55年になると、ソ連が日本に国交正常化交渉を呼びかけてきた。日本もこれに応じ、55年6月には英ロンドンで日ソ交渉が始まった。**ここでソ連側は歯舞群島、色丹島の2島引き渡しを打診しています。**

田原　ソ連のほうから、引き渡すがどうだ、といった。

佐藤　まだ沖縄も小笠原も返還されていない時代。その間に共産主義のソ連が歯舞、色丹

を日本に戻したらどうなるか。ソ連はアメリカよりいい国だという話になり、日本で革命の気運が高まりかねない。だから、**簡単にソ連が返してこないように仕向けた**んです。「引き渡そうと思うが」とソ連が持ちかけてきた歯舞諸島・色丹島に、5年前にいったん放棄した国後島・択捉島をくっつけて、「北方領土4島を直ちに耳を揃えて」という無理筋の議論を日本が始めた理由は、これです。こうしたダイナミックな視点から見なければ、北方領土の謎を解くことはできません。

田原　アメリカは、日ソ交渉の行方を非常に気にしていた。56年8月には、米ダレス国務長官が「4島一括返還でないなら、沖縄は返さない」という趣旨を日本に伝えている。9月には日ソ交渉に対する米国覚書が出て「択捉、国後は（歯舞、色丹とともに）常に固有の日本領土」と念押しした。もっと早い段階で、アメリカが4島一括でいけ、さもなくば沖縄は返さない、と日本側に示唆して日本が受け入れ、そのあとで外務政務次官が修正答弁をした可能性があるんじゃないかな。

北方領土交渉の本質がロシアへの「復活折衝」であることを、なぜ政府もメディアも言わないのか？

佐藤　いずれにせよ、以上の経緯からわかるように、**北方領土問題というのは、ロシアに対する「復活折衝」です。**このことさえわかれば、問題はそれほど難しくありません。ようするに北方領土問題とは、日本が法的に1回放棄してしまったものの復活折衝をどうするかという話。

田原　日本人のほとんどは、そうとは知らないでしょう。

佐藤　「北方領土交渉は復活折衝だ」と正直にいえば、日本国民も納得すると思います。

ただし、歴史的には、日本がソ連を侵略したことはないのに、敗戦直前にソ連が日ソ中立条約を一方的に破って対日参戦し、日本が降伏した直後の45（昭和20）年9月20日に千島列島と南樺太が一方的にソ連領とされてしまった。とくに歯舞群島と色丹島は、もともと千島列島には含まれず、北海道に付属する島々なのに、兵舎があったということでソ連に占領され、ソ連はその後もずっと居座り続けたわけです。

さらにさかのぼれば、1855年に日本とロシアが初めて国交を開いたとき、歯舞群島・色丹島はもちろん、南千島の択捉島・国後島が日本領であることに、帝政ロシアは何ら異議をはさんでいません。

だから、歴史的には北方4島は日本に返すのが当然と思えても、うち2島は法的に一度放棄してしまっている。だから当然、簡単に日本のものにはなりません。ここが難しいところなんです。

田原　いま佐藤さんがしてくれた話を、**日本の新聞やテレビが報道しないのはなぜですか？**　2016年12月15〜16日、プーチン大統領が来日し、山口県長門市で安倍さんと会談しました。その前後にプーチンに関する報道や北方領土の解説報道がさんざん出たけど、どこも「1951年に2島を放棄した」「復活折衝だ」なんていっていない。
朝日新聞サイトの「日本とロシア・ソ連の国境の変遷」という図では、サンフランシスコ講和条約で放棄したのは、4島より先の千島列島とサハリンの南半分になっている。4島は北海道と同じ赤色で、択捉よりも先から灰色になっているよ。

佐藤　そのあたり、メディアは今回もきちんと伝えていません。日本政府にとって都合の悪い話は書かないほうがいい、という判断でしょう。でも、重要なのは、**私たちにとっても都合の悪いことを正直にいうことだ**、と思います。

プーチンが「ロシアに領土問題はない」という根拠

田原　プーチン大統領は２０１６年12月の来日直前、読売新聞と日本テレビのインタビューに応じました。そのなかでプーチンは「ロシアに領土問題はない。領土問題があると考えているのは日本だけだ」といった。どういうこと？

佐藤　これは、ソ連時代もロシアになってからも、ずっと一貫している言い方です。

日本政府は「太平洋戦争が終わる直前のどさくさまぎれに、ロシアが日本の北方４島を不法占拠し、現在もなお居座り続けている」と主張しています。これに対してソ連・ロシアは「われわれは日本の島を不法に占拠したことなど一度もない」といいます。

勝った国が負けた国を占領するのは当たり前で、ソ連は連合国側ですから、１９４５年

各時代によってアプローチが変わる北方領土問題

北方領土をめぐる小年表

1855	2月	日露通好条約（日露和親条約）調印。択捉島以南を日本領と確認
1905	9月	ポーツマス条約。ロシアが樺太南部を日本に譲与
1945	2月	ヤルタ協定。米英ソが千島列島をソ連に引き渡すことで合意
	9月	ソ連が千島列島と北方領土を占領
1951	9月	サンフランシスコ講和条約署名。日本は千島列島を放棄するが、範囲は明示されず
	10月	外務省の西村熊雄条約局長が「千島列島の範囲は、北千島と南千島の両者を含む」と答弁
1955	6月	ロンドンで日ソ交渉開始。ソ連側は歯舞、色丹の2島引き渡しを打診
1956	2月	外務省の森下國雄政務次官が政府統一見解「南千島、すなわち国後、択捉は常に日本の領土」
	8月	ダレス米国務長官が、日ソ交渉は4島一括返還でないなら沖縄は返さないと日本に伝達
	10月	日ソ共同宣言。日ソ国交が回復。平和条約締結後に歯舞、色丹の日本引き渡しを明記
1991	12月	ソ連崩壊。ロシア連邦誕生
1993	10月	細川護熙首相がエリツィン大統領と「東京宣言」
1997	11月	橋本龍太郎首相とエリツィン大統領が「クラスノヤルスク合意」
1998	4月	橋本首相とエリツィン大統領が「川奈提案」
2001	3月	森喜朗首相とプーチン大統領が「イルクーツク声明」。日ソ共同宣言を交渉の出発点とし、4島の帰属問題の解決と平和条約の締結をうたう
2016	5月	安倍首相とプーチン大統領がソチで会談。「新しいアプローチ」を提案
	12月	プーチン大統領が来日し、安倍首相と山口県長門市で会談

出典：http://www.asahi.com/topics/word/%E5%8C%97%E6%96%B9%E9%A0%98%E5%9C%9F.html

夏にソ連軍が千島列島や北海道北端にドドドッと入ってきてしばらく居座っても「占領した」といわれればそれまで。占領は不法とはいえないでしょう。**占領が終わったにもかかわらず居座っていれば、そこで不法占拠という話になります。**

ところが、ソ連・ロシアは、米英ソが45年2月11日に結んだ**ヤルタ協定（秘密協定）で「千島列島がソ連に引き渡されること」が確約された**から、それを受け取って合法的にソ連領とした。だから不法占拠などしていないし、領土問題もない、と主張しています。

田原　ヤルタ協定は、ソ連スターリン、米ルーズベルト、英チャーチルの3人がサインした秘密協定。「ソ連は、ドイツが降伏し欧州の戦争が終わった2～3か月で、次のことを条件に、連合国側で対日参戦すべきことを協定した」として、条件が三つ書いてある。（1）モンゴルの現状維持、（2）1904年の日露戦争で日本がロシアから奪った権利の回復（南樺太返還、大連港におけるソ連の利益優先と旅順口の租借権回復、満鉄の中ソ共同運営）、（3）千島列島のソ連引き渡し、の三つです。

相変わらず千島列島の範囲が書いてないけどね。この協定は密約だから、日本は知らなかった。56年に米アイゼンハワー政権は「ヤルタ協定はルーズベルト個人の文書であり、米国政府の公式文書ではなく無効」という国務省公式声明を出している。

プーチンが「領土問題がない」というから、「領土が返ってこない」わけではない

佐藤　重要なのは、**「ロシアに領土問題はない」ことと、「ロシアが北方領土を1島たりとも日本に引き渡さない」ことは、別の話で、決してイコールではありません。**このあたりが、非常に機微に触れるところなんです。

このことは、56年10月19日にモスクワで日ソ両国が署名した「日ソ共同宣言」のポイントでもあります。**共同宣言には、「平和条約締結後に、歯舞群島と色丹島を返還する」ではなく、「引き渡す」と書いてあります。**宣言の第9項はこうなっています。

「日本国及びソヴィエト社会主義共和国連邦（以下ソ連）は、両国間に正常な外交関係が回復された後、平和条約の締結に関する交渉を継続することに同意する。ソ連は、日本国の要望にこたえかつ日本国の利益を考慮して、歯舞群島及び色丹島を日本国に引き渡すこ

とに同意する。ただし、これらの諸島は、日本国とソ連との間の平和条約が締結された後に現実に引き渡されるものとする」

田原　読売と日テレのインタビューで、日ソ共同宣言に2島を引き渡すと書いてあるじゃないかと聞いたら、プーチンは「でも、どういう条件で引き渡すのか、主権はどこにあるか、具体的なことが何も書いていない」と答えていた。これは？

佐藤　プーチンがいったことは全然、心配いりませんよ。なぜなら、交渉には交渉経緯というものがあり、双方がどんなやりとりを重ねて最終的な共同宣言に至ったか、記録されているからです。

「主権のことが書いてないじゃないか」といわれても、すぐ反論できます。「主権を引き渡すことは自明だ。誰一人それを疑わなかったから、書き込まなかったにすぎない」といえばいい。それを交渉経緯から証明することも難しくありません。

田原　プーチンは、主権の引き渡しは自明だ、とわかっている？

佐藤　もちろんわかっています。

田原　では、なぜ、書いてないじゃないかといった？

佐藤　交渉では、とくにまじめに交渉に臨むときは、ハードルを上げる必要があるからです。よくあることです。ちなみにプーチンは、91年9月に初めて日ソ共同宣言に言及したときから一貫して「主権について何も書いていない。条件についてきちんと話す必要がある」といっています。今回、とくに変わった発言をしたわけではないんです。

ソ連崩壊後の日ロ交渉で、鈴木宗男が果たしていた重要な役割

田原　東西対立の時代は、ソ連に取りつく島がなかったけど、冷戦の終結、ソ連解体を受けて、日ロのやりとりが始まった。鈴木宗男さんも重要な役割を果たしている。交渉の経緯を、順をおって話してください。

佐藤　97年11月の橋本龍太郎首相とエリツィン大統領のクラスノヤルスク会談では、鈴木さんは現地に行っていません。ただ、準備の過程には深く関与していた。そして、今回は本格的な交渉になるという見通しを持っていました。

98年4月に橋本首相がエリツィン大統領に、いわゆる「川奈秘密提案」をするときは、

鈴木さんが非常に深く関与しています。98年11月に小渕恵三首相がモスクワに行ってエリツィンと会談したときは、鈴木さんも同行しています。元島民やその家族の自由訪問実施に向けて検討すると決まりましたが、この仕事は鈴木さんに丸投げされました。

２０００年４月４日には、鈴木さんは病気で倒れた小渕さんの親書を持って、３月に大統領選挙に勝った直後のプーチンに会った。クレムリンで私も同席しました。**当選後のプーチンに、ロシア以外の政治家で最初に会ったのが鈴木さんです。**忘れもしません、鈴木さんが「エリツィンさんと小渕首相は１年前にこの部屋で会った。いま生死をさまよっている首相がここにいるという思いで、私は大統領と相対しています」とぽろっと涙をこぼしたら、プーチンが目に涙をためて身を乗り出してきた。**このとき鈴木さんは、プーチンと次期首相・森喜朗さんが月末に会うアポイントを取り付けた。**大手柄です。

こんなエピソードもありました。当時ロシア大使の丹波實さんは、フライングしてロシア外務省に「小渕さんは再起不能で仕切り直し。大型連休中の会談もなし」と伝えてしまった。それで、在モスクワ日本大使館の食堂で丹波さんが鈴木さんに「今回は親書を渡すだけ。詰めた話は要らないんです」とさんざん言っているところに、日本から電話が入った。

森さんからで、鈴木さんに「ぜひともアポイントを取り付けてくれ」という。丹波大使の言動は、日本のリーダーの考えとはまったく逆でしたね（笑）。

田原　新大統領に新首相を1日でも早く会わせよう、といった発想はないんだね。

北方4島が10年以内に返ってくるという感触を得た「イルクーツク秘密提案」とは？

佐藤　01年3月にプーチンと森さんが会談し「イルクーツク声明」が出ました。これとは別に「イルクーツク秘密提案」というのがあって、外交機密なんですが、森さんが産経新聞に話したり後援会会報に出していますから、話しましょう。

森さんの秘密提案は、歯舞群島・色丹島は引き渡しについての具体的な協議を始めると同時に、**国後島・択捉島については、日本・ロシアどちらのものなのかという協議を車の両輪のように同時並行的に始めよう、というもの**でした。

提案に対してプーチンは「パドゥーマエム」と答えた。日本側の記録では「承《うけたまわ》っておく」ですが、ロシア語を直訳すると「こちらでちょっと考えてみる」という意味。そこで翌月、当時の東郷和彦欧州局長がモスクワに行き、ロシア外務省のロシューコフ外務次官と「プーチンはちょっと考えてみるといった。やれるかやれないか」と膝づめ談判した。ロシューコフさんは「やれる。ただし、ちょっと内部調整が必要だから時間をくれ」といったわけなんです。このとき日本側はホッと安堵しました。**北方4島は10年以内に返ってくるだろう、という見通しになった**んです。

田原　4島とも？

佐藤　そうです。4島ともです。ここがミソなんです。歯舞群島・色丹島の具体的な引き渡し協議に入ると、たとえば車の免許はどうするか。これは現地の免許を北海道で使ってもいいだろう。医師免許は、日本全体だとちょっと問題だから4島だけに限定しよう、というようにやっていく。

この際ロシア本土に帰りたいという人には、引っ越しの支度金を出す。日本にとどまりたいという人には在留許可や再入国許可を簡単に出す仕組みをつくる。日本国籍取得を希望する場合は、これこれの要件が必要と決める。

住民はロシア語しかできないから、役所や議会でどうするか。道路標識をどうするか。これはロシア語と日本語の併用でいこう。いまあるロシア語表示はそのまま使って、それに日本語訳をつけるようにしよう、とそんなことを考えていました。やり方を決める議論だけでも1～2年かかる。

インフラを整備して生活水準を向上させれば、「返還ドミノ」を起こせる

佐藤　北方4島では、日本が投資してインフラ整備などの開発が始まりますね。たとえば4島のインフラを、北海道の根室なみに持っていくために、いくらくらいかかると思いますか?

田原　当然、兆単位のカネでしょう。

佐藤　試算では、歯舞群島・色丹島で1兆円、国後・択捉まで含めて8～10兆円でした。ところが色丹島の住民は2000人しかいない。そこにまず数百億円、次年度は、翌年度

は……とカネが入っていくから、島の生活は劇的に改善します。それを見た国後の人はどう思うか。「われわれも色丹みたいになりたい」と思う。国後がよくなると、それを見た択捉の人は「われわれも国後みたいになりたい」と思うんです。

田原　なるほど。これはおもしろい。**インフラ整備して生活水準を向上させることで、いわば〝返還ドミノ〟が始まるんだ。**

佐藤　そのとおりです。だから、**日本がまず2島をしっかり取り、あとの2島は共同活動を盛んにして、日本人が自由に行けるようにしておく**ことは、とてもよい現実的な発想です。このやり方で、実は残り2島も返ってくる可能性がきわめて大きい。

田原　うん、ここは安倍さん、わかっているね。

佐藤　もちろんです。当時、私たちはさまざまな調査をしましたが、日本への返還に賛成する割合は、おおよそ色丹7割、国後5割、択捉3割くらいでした。日本のカネでライフライン整備や病院整備などをやったからです。森喜朗さん、鈴木宗男さん、私たちがやっていた2000年前後は、モスクワは頼りにならないし、サハリン州の州都ユジノサハリンスクにはカネがない。住民には「日本にやってほしい」という思いが強かった。もちろん「日本人とロシア人の友好の家」(いわゆるムネオハウス)もその一つです。

自分の名前を建物につけてうんぬんなんて批判があったけど、あんな場所で売名行為をしたって1円の得にもならない。そもそも票も利権もありません。**人道上支援するという名の下に、私たちは島を日本に取り戻すための環境整備をしていた**のです。ただ、それを公表はできませんでしたが。

国策捜査の鈴木宗男、佐藤優逮捕で、それまでの対ロシア交渉も全て切り捨てられた

田原 さあ、そこに大事件が勃発した。小泉内閣で田中真紀子さんが外務大臣になった。

佐藤 田中真紀子さんの登場で怪獣大戦争になっちゃった。

田原 小泉純一郎さんとプーチンさんの関係は、どうだったんですか?

佐藤 この二人はまったく波長が合わず、うまくいきませんでした。小泉さんはアメリカのほうばかり見ていて、ロシアについて全然勉強していなかった。

小泉さんが優れているのは、不得意な部分をスパッと切り捨ててしまい、自分が得意な部分だけで勝負することでしょう。郵政大臣をやって、郵貯や簡保や郵便局の仕組みをよくわかっている。だから郵政民営化一本に絞って、小泉改革の旗印にした。その小泉さんの得意分野に、残念ながらロシアは入っていませんでした。

田原　田中さんと鈴木さんの衝突までに、しばらく時間があったでしょう。

佐藤　ロシアは1年間待ちました。田中真紀子さんが外務大臣になったとき、さすがにヘンな人が出てきたぞと思ったんですね。次にまともな人物が外務大臣になるまで待とうと。

田原　鈴木さんがNGOの誰某を怒鳴りつけたとかいう一件が01年12月。それで田中さんが鈴木さんと外務事務次官を巻き込んだ戦争が勃発し、02年1月いっぱいモメた結果、小泉さんは田中真紀子外相と野上義二外務事務次官を更迭《こうてつ》した。鈴木さんも衆院議院運営委員長を辞任した。

てっきり両者痛み分けかと思ったら、2月にムネオハウスなどの疑惑が浮上し、3月に鈴木さんは自民党を離党。5月には佐藤優さんが、6月に鈴木さんが逮捕されてしまった。なんともひどい国策捜査でした。

佐藤　政治の世界はさまざまなことがある。外務省から鈴木さんや東郷さんや私を排除するのは、それはそれで仕方がない。しかし、私たちが進めていた北方領土政策は、違う人で継続してほしかった。ところが、人を追い出すと同時に政策も全部捨ててしまった。それが環境大臣から横滑りで外相になった川口順子《よりこ》さん、インドネシア大使から棚ぼたで事務次官になった竹内行夫さんの判断でした。

逆にいえば、外務省にとって鈴木宗男事件は、それくらい大きな事件だった。鈴木さんの影響力を除去するには、対ロ交渉の方針自体を変えないとダメだ、と当時の外務省が判断したんでしょうね。

素人の川口順子外相による4島一括返還の提案に、プーチンは大激怒した

田原　政策をやめたというのは、インフラ整備などをストップした？

佐藤　そうです。**川口さんがインフラ整備を、すべて止めた。**電気も供与しないし、病院

も手伝わないし、一切何もしない。支援委員会という組織も解散してしまった。
その結果、ロシアが細々と整備を始めることになった。住民は、日本はもうやってくれないな、信用ならないないなという印象を持った。モスクワに頼るしかないのかと。

田原　これは大問題だ。

佐藤　４島の人たちはみんな「遠くのモスクワより、近くの日本」と思っていた。ところが、自分たちロシア人が何か悪いことをしたわけではないのに、突然重油を送ってくれなくなり、病院受け入れもやらなくなる。やっと飛行機で交流ができるようになったのに、それもなし。日本に頼ったら災害や戦争でもあったとき自分たちは切り捨てられるかもしれない、と不安にならないほうが不思議ですよ。

田原　プーチンやロシア外務省と日本側の関係はどうなった?

佐藤　最悪です。川口順子外相がモスクワでラブロフ外相と会ったとき、彼女はえんえんと北方領土の歴史の話をした。ラブロフさんは怒っちゃったわけです。私のほうが外交官を長くやってきた。何をいっているんだと。川口さんは結局、森さんのイルクーツク提案を事実上、取り下げてしまった。**ロシア側は「日本は４島一括返還に戻った。もうやる気**

はない」と受け止めた。これでプーチンはカンカンに怒ったわけなんです。

田原 2島を引き渡す。そのうえで2島をどうするか話そう、とやっていたのを、日本から蹴っ飛ばした。それでブチ切れたわけね。

佐藤 **本当に検証が必要なのは、川口順子さんが外務大臣だったとき日ロ関係でどんなことが起こったかです。**川口さんはどんな判断でインフラ整備をやめたのか。あるいは、どんな判断で4島一括に戻るというシグナルを出したのか。川口さんが主導したのか、周囲の外務官僚たちが素人同然の川口さんにやらせてしまったのか。これがいまはミッシングリンクなんです。ここがわからないと、現在の日ロ関係も本当のところはわからない。

なぜ検察は、北方領土返還に尽力する鈴木宗男を逮捕したのか?

佐藤 鈴木宗男さんは実によくやっていました。日ロ間の漁業協定で「安全操業協定」というものがある。これは不思議な協定で、違反した場合の規定がない。日本人は違反しないとロシアは信じるから絶対違反させないでくれ、という協定なんです。違反しなければ国境警備艇から銃撃されることはない。とはいえ漁業は、ちょっと悪い言葉でいえば〝略奪産業〟。水の上に浮く五千円札や一万円札を網ですくうようなところがあって、ついつい欲張りすぎたら撃たれてしまう。

だから鈴木さんは、現場の国境警備隊員を日本に招き、東京・赤坂あたりのラウンジで接待する。ロシア語の歌をカラオケで入れたりして飲ませるんです。ウラジオストックの国境警備隊長がぼそっと「これじゃあ撃てねえな」というわけです。

田原　お互い顔見知りの飲み仲間になったから。

佐藤　彼らは任期2〜3年で、同じポストに2期までしかいない。だから、一緒に酒を飲んだ人たちの任期が終わり、顔見知りの隊員がいなくなった06年8月、カニかご漁船の第31吉進丸銃撃事件が発生して、日本人の若者が死にました。

メドベージェフが北方領土に上陸して「まかせとけ。日本なしで全部やる」というように胸を張ったのは11年でした。鈴木宗男事件から9年で、そこまでヒドい状況に陥ってしまいました。

田原　検察は、なんで鈴木さんをやったんだろう？

佐藤　経世会型の政治、田原さんのいう汚いハトの日本型社会を終わらせないと、**日本は右肩下がりの経済状況のなかでやっていけない、というような思いがあったんでしょう。**北方領土にカネを注ぎ込む話をしましたけど、年1兆円を10年続けても大きなリターンがあるわけではない。国家の名誉と尊厳のためという理由は、財務官僚には全然ウケない。国家財政のことも考えず先走る外務省にお灸《きゅう》をすえよう、という思いもあったかもしれません。あるいは、どうせ兆単位のカネが動けば鈴木のポケットに何十億か入るに違いないというような無責任な憶測もあったんでしょう。

北方領土に対する「新しいアプローチ」と「古いアプローチ」

田原　16年5月、ロシアのソチで安倍・プーチン会談があった。そこで安倍さんは「新しいアプローチ」と言い出しました。これは何ですか？

佐藤　本当の新しいアプローチですよ。これを理解するためには、最初に「古いアプローチ」を解説したほうがよいでしょう。ざっくりいえば、日本の北方領土問題に関する基本政策は、冷戦時代以来の4島即時一括返還論から2回変わっています。1回目は1991年10月でした。

田原　ソ連解体のころですね。

佐藤　ソ連は91年8月のクーデター未遂事件を契機に崩壊します。その直後、ロシアのエリツィン新大統領から日本に、「戦勝国と敗戦国の区別にとらわれず、法と正義の原則によって北方領土問題を解決したい」という内容の秘密書簡が届いたんです。

相手が強く出れば、こちらも強く出る。相手が譲歩すれば、こちらも譲る。そうやって折り合いをつけるのが外交の鉄則。ソ連側から緩めてきたので、91年10月に中山太郎外務大臣がモスクワを訪問し、**「4島に対する日本の主権が確認されるならば、実際の返還の時期、態様、条件について柔軟に対処する」という日本の新しい立場を伝えた**んです。これが「古いアプローチ」です。

ただし、密かに伝えて、公表はしていません。その後も日本政府は、なし崩し的に答弁や外務省パンフレットに少しずつ新方針を入れていき、わからないように方向転換した。4島一括を徐々にフェードアウトさせたので、国民はほとんど気づかなかった。

田原　「時期、態様、条件について柔軟に対処」とは？

佐藤　沖縄のように当初は潜在主権だけを認め、ロシアの旗が立っていてもいいし、ロシアに裁判権を残しルーブルを使ってもいい。２島プラス２島でもいい。あるいは１島プラス１島プラス１島プラス１島でもいい。途中はどうでも、とにかく最終的に４島が日本領になればよく、それで平和条約を結ぶ。これが日本政府の方針ということです。

田原　なるほど。その後、鈴木さんや佐藤さんたちがやったことも、大きくはこのアプローチに沿っていたわけだ。

安倍政権による「新しいアプローチ」とは、１９９３年東京宣言の合意だった

佐藤　２回目が２０１６年５月からの、今回の安倍さんの「新しいアプローチ」です。このときから日本政府は、「実際の返還の時期、態様、条件については柔軟に対処」とは一切いわなくなりました。代わって**「４島に関する帰属の問題を解決して平和条約を締結す**

る」と言いはじめたんです。

田原　どういうこと？

佐藤　１９９３年10月、細川護熙首相とエリツィン大統領は「日露関係に関する東京宣言」に署名しました。それに出てくる内容と同じものです。東京宣言はこうなっています。

「日本国総理大臣及びロシア連邦大統領は、両国関係における困難な過去の遺産は克服されなければならないとの認識に共有し、択捉島、国後島、色丹島及び歯舞群島の帰属に関する問題について真剣な交渉を行った。双方は、この問題を歴史的・法的事実に立脚し、両国の間で合意の上作成された諸文書及び法と正義の原則を基礎として解決することにより平和条約を早期に締結するよう交渉を継続し、もって両国間の関係を完全に正常化すべきことに合意する」

４島の帰属について、これしかいっていないということは、日本４・ロシア０、日本３・ロシア１、日本２・ロシア２、日本１・ロシア３、日本０・ロシア４という５通りのうちどれでもいいというのです。

これは、「日本人の4島への思いを理解できる」というプーチンのメッセージだ

田原　どれでもいい。真剣に交渉してどれかにしよう、ということ？

佐藤　そうです。これは何だと聞かれると、外務官僚は「名前が書いてある4島の帰属を決めるんだから、つまり4島は日本領です」なんてごまかしで使うんですけどね。言い換えれば、フラットな平場に戻し、そこから交渉を積み重ねていこうということです。**プーチンも、これでようやく本格的な譲歩が始まったと見ている、**と思います。

田原　新しいアプローチでいくと、どうなりますか？

佐藤　プーチンさんは、2016年12月に来日したとき記者会見でこんな言い方をしました。まず、**「私たち（日ロ）の原点は1956年の日ソ共同宣言だ」と。「そこには2島を引き渡すとあり、両国が調印し、議会で批准《ひじゅん》しました」**ということです。

そして、歴史を振り返って「日本は1855年にその島々を受け取った」、つまりもと

もと4島は日本領だった、といった。さらに、日露戦争で取った取られたとか、アメリカのダレス国務長官が日本を脅迫したとか、いろいろなことがあったと述べました。

これは**「日本人の4島への思い、その信条、歴史的な経緯は理解できる」というプーチンのメッセージだ、**と私は受け止めました。つまり、引き渡す2島に色をつけるということですよ。

田原　歯舞群島・色丹島は当然返ってくるが、その先も充分期待できる？

佐藤　そうです。マスコミは「進展なし」といった冷ややかな見方でした。でも、世論調査の支持率はそんなに下がらず、毎日新聞かな、2％上がった調査もあった。私は、国民というのは案外本質を見ているのかもしれないと思いました。人びとは「おや、何か動いてるな」と、何となく気づいたのではないか。

日米安保条約第5条の存在が、2島返還の障害になっているのか？

田原　プーチンは2016年12月16日の記者会見で、2島を返還した場合の日米安保条約の問題に触れていましたね。この問題は、どう見ればよい？

佐藤　プーチンの言い方はこうです。日本とアメリカの関係は特別である。日本はアメリカと安全保障条約を結んでいる。だから条約上の義務を負うことになるが、この義務が日ロ関係にどういう影響を及ぼすか、私たちにはわからない。

これは非常に重要な発言なんです。歯舞群島と色丹島が引き渡され、日本の施政が及ぶようになった場合は、そこが安保条約第５条の適用範囲に入ることをロシアは認めようということです。ただし政治的に何らかの対応をしてくれ、とプーチンはいう。非常に前向きな発言です。

田原　仮に色丹島にミサイルが落ちたら、それは日米に対する攻撃と見なして両国が共同行動をとる（集団的自衛権を発動する）ことをロシアは認める？　日本の一部には、安保条約第５条の適用除外にしないと、ロシアは２島を引き渡さないのでは、という見方があるけど。

佐藤　日米両国は条約上の義務を負わなければいけないから、適用除外にはならない。それはわかっている。プーチンがいうのは、日米合同委員会でとり決めれば、たとえば皇居の上空を米海兵隊のオスプレイは絶対に飛ばないだろう。そういうことを決めておいてくれ、ということです。**日米合同委員会で歯舞群島・色丹島には米軍は展開せず、米軍基地も置かないということを担保すればそれで充分という考え方。**非常に緩いシグナルと見ていい。

田原　なるほど、そういうことか。

佐藤　逆に、日米安保条約第5条の適用除外にしてしまうと、北朝鮮が色丹島にミサイルを撃ち込んだとき、在日米軍が対応できない。これは理不尽な話だし、そのとき米軍が身動きが取れないようにしておいてくれなんて、ロシアは望んでいませんよ。

2018年春、プーチンが大統領になれば北方領土は動き出す

田原　12月15日の夜、山口県長門市で安倍さんとプーチンさんは2人だけで95分話しました。その後、安倍さんはとても機嫌がよかった。何を話したんですか?

佐藤　中身は相当あったようです。一言でいえば「トラスト・ミー」みたいな話だった。

私はそう聞いてます。

田原　俺たちが何とかしようと?

佐藤　いや、**プーチンが「自分を信用してくれ」と。**

田原　**18年の春にロシアの大統領選挙がある。**その前には2島返還なんかできない。プーチンは「そのとき自分が大統領になったらやる」というようなことをいったかどうか。

佐藤　安倍さんは、1~2年で動くことはない、という言い方をしていました。ということは3年目に動く。田原さんの読みは当たっていると思います。

今回の会談のポイントは、**元島民のロシア語の手紙**です。プーチンは会見で「非常に感動的な元島民の方々の手紙を読ませていただいた」としかいわず、何が書いてあったかも公表されていませんが、あれは重要です。プーチンは安倍さんのシグナルと受け止めただろうと思います。

自由訪問をより拡大するという話がありましたが、私は飛行機で国後島まで行き、そこから歯舞諸島にヘリコプターで行くというような、空の自由訪問の道を開くだろうと見ています。

田原　「空」というのは？　海路とどう違う？

佐藤　北方4島への訪問というのは、事実上5月から10月頭までだけなんです。船が港に接岸できないから、船と島の間ははしけを使う。でも、とくに波が荒いわけではないふつうの状態でも、はしけは船から2メートルくらいすぐ離れてしまう。タイミングを計ってうまく飛び乗る必要があって、高齢者はよほど健脚の人でないと海に落ちてしまう。

飛行機とヘリコプターを乗り継いで行くことが可能になれば、足の悪い高齢者でも、飛行機に乗れさえすれば移動でき、墓参りもできるし、孫に自分の住んでいた場所を見せることもできます。また、専門家チームを派遣して共同経済活動についてのFS（フィージビリティ・スタディ＝事業可能性の検証）を始めることもできる。

田原　17年春から、そういうことが始まる？

佐藤　始まるでしょう。以上のような段取りが、安倍さんの引き出しに入っています。16年暮れのプーチン訪日を、メディアが具体的な成果にとぼしかったと報じても、安倍さんは全然気にせず余裕の表情を見せていた。**「プーチン大統領と私の合意によって、今日の日を迎えることができました」と胸を張れる成果が数か月後には出る、と確信している人**

の余裕だ、と私は見ました。

トランプが中国に高い関税をかけたら、米中関係はどうなる？

田原　ロシアと北方領土はここまでにして、次は中国の話を聞きたい。トランプは、中国が不当な為替操作やダンピングで対米輸出を増やし、アメリカ人の雇用を奪っていると主張しています。中国税関総署によると、16年の中国の対米貿易収支は約２５００億ドルの黒字。15年はなお１００億ドルほど多かった。

佐藤　そう。**アメリカの対中貿易は毎年30兆円近い赤字**ということです。

田原　中国は、アメリカにとって最大の輸入相手国で、アメリカは中国から年に40兆円くらい輸入している。ところが、アメリカは中国に年に10兆円くらいしか輸出できず、その差が30兆円くらい。**中国の対米輸出額が対米輸入額の４倍というのはヒドいじゃないか。アンフェアだから、報復として高い関税をかけてやる、**とトランプはいう。米中関係はどう動くと見ますか？

佐藤　売り言葉に買い言葉で、そこまで進んでいくと思う。どこまでこじれるかは、私は**中国側が鍵を握っているの**では、と思います。つまり**中国が、保有している米国債を売るかどうか**です。

田原　米国債をいちばん買っているのは、かつては日本だった。08年ごろに中国に追い抜かれたんですね。

佐藤　最近、また日本が抜き返した。16年11月時点の米財務省データでは、突出して多いのが日本の1兆1086億ドル（約126兆円）。次が中国の1兆493億ドル（約119兆円）で、ほかの国とはケタが違う。

日本や中国の米国債保有高が多いのは、どちらも工業製品をアメリカはじめ世界にがんがん輸出し、経常収支の大幅な黒字を持続させ、それを外貨準備として積み上げたから。貿易黒字に加えて、対米輸出国は輸出に有利になるように自国通貨を対ドルで安くしておきたいから、ドル買い介入をすることが多い。中国は元安ドル高に誘導しようとドル買い元売りの為替介入をするから、外貨準備高や米国債保有高が膨張していく。

田原　だから、対米経済関係を見ると、日本と中国はよく似ているんですね。集中豪雨的な輸出で黒字を積み上げ、アメリカを赤字にしているとして攻撃されたのは、むかし日本でいま中国。

中間選挙で勝ちたいトランプが、中国をスケープゴートにする

佐藤　ただ、このところ中国は米国債を売って元を買い支えている。経済が悪く、中国からの資本流出が起こっているのを止めようとしている。それで米国債の保有高が減った。中国が持っている米国債を売ると、中国には大きなマイナスになる。いまは仕方なくやっているようにも見えますが、中国が自覚的に米国債売却という形で中国がアメリカに揺さぶりをかけるということになれば、**これは本当の米中経済戦争になり、軍事まで含めて米中間が急激に緊張する**のではないか。

米国債売りは米国債の価格を下げる。売ったぶん手持ちのドルが増えるから、それを中国が国内で使うため元に換えれば元高になり、ユーロを買って持っておこうとすればユーロ高になる。いずれにせよ、ドルの為替レートは下がる。中国はそのスイッチを握ってい

るわけです。われわれ中国には世界経済に大きな混乱を与える力がある、アメリカを動かすレバレッジ（てこ）を持っているんだぞ、と実際に示すことがありうる。すごくいやな感じになるでしょう。

田原　1997年6月、当時の橋本龍太郎首相がニューヨークで講演したとき、「日本政府が持っている財務省証券を大幅に売りたいという誘惑に駆られたことが何度かある」と冗談半分に口走ったことがある。直後にウォール街で株式も米国債も急落してしまい、大騒ぎになったんだ。

佐藤　トランプ政権が盛んに中国を槍玉に挙げているのは、**やはり中間選挙で勝つため**でしょう。アメリカ経済が悪く、労働者がヒドい状況におかれているのは、一つは民主党のヘタな政策のせい、もう一つは**中国がアンフェアなことをやっているせいだ、とスケープゴートに仕立てている**んです。

中国を敵視するのは、トランプに「人種主義」や「黄禍論」が根強いことの表われである

田原 でも、スケープゴートは、なんで中国なのか。トランプは、なぜロシアとは関係改善といってケンカせず、中国を狙うんですか？

佐藤 これは誰も話題にしていませんが、**トランプのなかに黄禍論《おうかろん》がある**と思います。黄色人種に対する差別意識で、中国を見下しているところがある。白人同士で連中に手を突っ込もうや、とこういう乱暴な発想があります。これはヘタをすると日本にもシフトする恐れがある。米中のケンカが高じれば日本は漁夫《ぎょふ》の利が得られるなんて思っていると、中国に対する偏見がこちらに向かってきかねません。

田原 初の黒人大統領オバマを生んだアメリカは大したものだ、と僕は思ったたし、世界中もそう感じたと思う。その揺り戻しがくる？

佐藤 **トランプの人種主義的な感覚は要注意です。**アメリカでは、それは第二次大戦後に

封印されたはずだった。公民権運動を経験したアメリカは、人種について差別的な対応をするなんて絶対に許されないことになっていて、ついに黒人大統領まで登場した。

しかし、その黒人大統領が失敗したということで、アメリカの白人たちの人種主義が出てきているように感じます。メディアも含めて彼らは、このことを絶対に文字にしませんが、隠れていて目に見えにくいアメリカの大きな一面でしょう。

ようするに、非白人については、自分たちになついてくる連中は可愛がってやる。少しでもいうことを聞かないやつは徹底的に締めてやる。だから、ペットに対する感覚と似ていますよ。売り言葉に買い言葉で中国を侮蔑する態度の土台には、差別的な感覚があるように思えてならない。ヒスパニック系に対しても、イスラム教に対してもそうです。トランプが持つダークサイド部分がどんどん露出してきているんじゃないか、と思うんですね。

中古の空母で艦隊をつくっても、何の役にも立たない

田原　南シナ海を中心に中国が海洋進出を強める動きは、どう見る?

佐藤　**空母を駆逐艦が囲んで艦隊をつくり、南シナ海や太平洋に出ていくなんて、中国は非常に愚かだ**という話です。もう15年もたてば、空母なんて第五世代の戦闘機の標的にしかならない。こんなことにエネルギーを使うなんて本当にマヌケ。しかも**空母「遼寧」って88年に進水したウクライナのお古で、カジノにするといって輸入したん**ですからね。

田原　あれは、習近平の政策ですかね。

佐藤　いや、そうは思えません。習近平がそれを止めることができないということじゃないですか。中国海軍はプロパーの連中がトップになるくらいに育っている。そんな連中の自己主張でしょう。

田原　中国海軍が２０１６年12月、南シナ海でアメリカ海軍の無人潜水探査機を奪った事件があった。トランプは「盗んだものは返さなくていい、と中国にいうべきだ」なんてツイートしていた。あとで返したようだけど。

佐藤　**中国にはいくつかのセンターがあって抑えが利いていない。**といって習近平を倒すことには、誰も魅力を感じてない。だから軍事が絡まる対中外交は、ものすごくやりにくい。習近平と話をつけたからといって、その話が空母の建造や運用をしている連中にまで届くのか、という問題がある。

田原　さっき佐藤さんは、もしアクションを起こすとすれば、それはアメリカではなく中国のほうだ、といった。いまはトランプがあれこれ文句をつけていて、中国は「強烈な抗議を表明する」とはいうが、具体的な強硬策を打ち出したりはしていないけど。

佐藤　予測不能なトランプの動きに翻弄《ほんろう》され、出方を決めかねているのでしょう。軍事挑発や米国債売却など、鍵は握っているんだけど、実際にアクションを起こしたらどうなるか、なお予測不能ですからね。

トランプがツイッターで原理原則を叫び始めたら、中国の草の根に相当な影響を与える可能性がある

佐藤　トランプが台湾の蔡英文と電話で話したので、私たちは最初非常に驚いた。でも、少し冷静に考えてみれば、もはや台湾は、蒋介石や蒋経国（息子）の時代の台湾ではない。地域という扱いになっているけど、民主主義の成熟度でも国力や軍事力でもね。それに、

中国大陸の連中も台湾の連中も、心の底から本当に「一つの中国」なんて信じているのか。するど**案外この機会に「二つの中国」ということになるかもしれない**でしょう。

田原　台湾の経営者たちは、みんな中国本土で成功している。従業員100万人といわれる台湾のホンハイ（鴻海）は、世界最大のEMS（電子機器製造受託）／OEM（相手先ブランド生産）企業。ヒューレットパッカード、デル、アップル、マイクロソフト、任天堂なんかは、ホンハイに注文を出して中国で生産させている。シャープは、ホンハイに助けてくれと頼みました。

佐藤　そのあたりのことを考えると、トランプは意外とすごいところに手を突っ込んでいるのかもしれない。貿易がアンフェアだというところから始まって、トランプが中国に対して、「俺はアメリカ国民の選挙で大統領になった。お前たちは民意によって選ばれた政権なのか。中国共産党指導部のうち選挙で選ばれた者は誰と誰なんだ。少なくとも台湾は民主的な選挙で指導部を選んでいるぞ」とかいう**原理原則論をツイッターなんかで叫び始めたら、かなり深刻な話になる。中国の草の根に相当な影響を与える**と思います。

中国では、いままで誰もいわなかったけど、そういえばそうだよね、と。うちはこれだけ偉大な国で、ＧＤＰでアメリカを抜いて世界トップに躍り出る日も近いのに、なんでまともな民主選挙がないんだろう、と。

田原　ロシアだって選挙があるじゃないかと。

佐藤　そうそう。トランプが、中国の政治家たちが、民衆に選ばれたうえで南シナ海に人工島を造り、そこらに空母を徘徊《はいかい》させているということだったら、それなりに納得もしよう。しかし、どこに民意があるんだ。あの偉大な中国人民の意思がそうさせているといえるのか、なんてツイートしはじめたら、中国で爆発的な影響が出るかもしれない。

中国経済は、都市と農村の激しい格差を隠しようがなくなっている

田原　中国経済については？

佐藤　本当に大変だと思う。だましだましやっている感じです。やはり**過剰投資の無理がたたってバブル経済が弾け、高成長段階が終わって低成長段階に移行しはじめた。**でも、沿岸部だけが儲かっている。内陸部は悲惨な状況で、都市と農村の格差がものすごい。

これまでは毛沢東思想はじめさまざまなイデオロギーが、そうした矛盾を覆い隠してきたけど、社会主義が崩壊してイデオロギーはない。しかも、いくら情報を隠そうとしても、特権階級と庶民の格差が天と地のように開いていることは隠せない。

田原　スマホやパソコンが普及し、ネット社会が広がっているからね。

中国が、SGI（創価学会インタナショナル）を解禁する日は近い!?

佐藤　ネットもそうですが、**そこをごまかす役割は、多くの国で宗教が果たしてきた。**でも中国には宗教活動の全面的な自由はない。中国はこれから大変なことになると思うんです。だから私は、**中国がSGI（創価学会インタナショナル）の活動を解禁する可能性があると見ています。**

田原　中国がSGIを解禁する？

佐藤　いまはまだダメで、SGIの活動が許されているのは香港と台湾だけです。しかし、北京をはじめ主要都市の大学には池田思想研究所がある。たとえば韓国ではSGI会員が

１００万人を超えています。**韓国SGIの存在は、実は慰安婦問題でも竹島問題でも、大きなクッションになっています。**

田原　そうでしょう。

佐藤　台湾ＳＧＩも、尖閣問題のクッションになっています。日本とそんなにことを構える必要はない。そんなことをしたら池田大作先生が悲しむから、と。もし中国がＳＧＩの活動を解禁したら、会員２０００万人、３０００万人って、すぐに出ると思います。

田原　すごいなあ。いまＳＧＩは、公称で世界１９２か国・地域に広がり、国内外全体で１２００万人以上ですね。三国志の時代を招いた「黄巾の乱」、元末期の「紅巾の乱」、清末期の「太平天国の乱」など、中国では王朝や国が倒れるきっかけとなった宗教的な反乱がしばしば起こったことを思い出します。

佐藤　いまは、九龍や香港やマカオと中国本土を行き来する人がご本尊を持って帰ったりすることは認められています。中国における宗教的な要素の一つとして、とくに日本との関係で、創価学会が重要だと思います。どうも日本では、創価学会が変な意味でタブー化されてしまっている。創価学会の悪口はみんな平気でいうんだけど、冷静な分析が少ない。

ＳＧＩの動きは注目される、おもしろいよな、というほうが難しいですね。

田原　創価学会の宣伝をしている、学会の回し者か、といわれてしまう。

佐藤　今の世界はグローバル化・帝国主義・ナショナリズム（民族主義・国家主義）の三つが絡み合って動くんだという話をしましたが、**この三つのバランスや消長と大きく関係するもう一つの要素は「宗教」だ**と思います。とくに世界宗教や普遍宗教と呼ばれるものですね。

アジアやアフリカをはじめ世界でイスラムが広がっている。キリスト教のカトリックもプロテスタントも影響力を持ちはじめる。トランプのようにプロテスタントでユダヤ教も尊重するという動きが顕在化する。そんななかで創価学会の影響力が日本の国外で急速に強くなっている。

21世紀になって、「宗教の復興」が始まっている

田原　20世紀の後半に宗教は終わるといわれていた。ところが21世紀になって、宗教がま

た盛んになってきた。

佐藤　そうです。**20世紀は東西両陣営の対立が民族紛争や宗教対立を封じ込めていたけれども、21世紀にはそのタガがなくなった。**そして、民主主義と自由経済が勝って平和になるというフランシス・フクヤマの予測が外れた。それと裏表に、「宗教の復興」が始まったんです。これも現代を読み解く重要なキーワードの一つだと思います。私たちの周囲を見回しても、既存の仏教もひと昔前より元気になっているでしょう。

田原　葬式仏教ではダメだといった議論が活発になってきたし、坊さんがテレビのバラエティ番組にやたらと出てくる。死に方を考えようとか、お墓のあり方を見直そうとか、人びとの側にも新しい仏教を求めたいという気持ちがあるんだね。

佐藤　神道政治連盟や神社本庁の活動も、ひと昔前と比べてかなり活発になったと思うんです。「神社は宗教ならず」という形で、緩いけれども実質的には国教化することを考えている。初詣もお宮参りも七五三も、人が減らないし、むしろ増えているくらいでしょう。慣習としての神道が強まっている。

そこでアメリカという国を振り返ると、トランプもそうですが、**アメリカの宗教は、キ**

リスト教とユダヤ教をミックスした「アメリカ型の市民宗教」だと思います。ようするに「神さま」とはいっても、「イエス・キリスト」とはいわない。何となく神さまを信じているという感じですね。

キリストは、神さまというより、偉大な先生なんです。イエス・キリストは神の子というのが大多数の教派の原理ですが、ユニテリアンという宗派は「いや、偉大な先生だ。神の子ではない」という考え方で、非常に大きな影響力を持っている。偉大なるもの、超越的なるものへの畏敬《いけい》の念を持とうという感じ。だから、**トランプのアメリカでも、「宗教の復興」がある程度進むだろう**と思います。市民にそんな気持ちがあるから、トランプが支持されているんだ、ともいえるでしょう。

第5章
これからの世界を知るための教養

本章を読み解くキーワード

*グローバル化

*第三次世界大戦

グローバル化と格差拡大の問題は、「戦争」で解決するのか？

田原　さて、紙幅も残りわずかとなってきました。最終章では大きく二つの問題を議論して、この本のまとめとしたい。

一つは、社会主義を蹴散らした資本主義が新・自由主義として、いわば勝手気ままにふるまい、**グローバル化とあいまって格差を拡大させた問題。この先に何が待っているのか。**もう一つは、**新・帝国主義やナショナリズム（民族主義や国家主義）で各国・地域の対立が激化している問題。戦争が起こるとすれば、どこで、どんな形で起こるのか。**「第三次世界大戦」のような様相を呈することはないのか。

最初の問題。フランスの経済学者ピケティが、「グローバリズムの破綻」ということをいった。資本主義の先がグローバル化（グローバリズム）で、それが破綻するなら、つまり資本主義が崩壊するのでは？

佐藤　前にもいったように、**グローバル化の次は、やっぱりグローバル化。**この基本潮流は変わらないと思うんです。評論家の柄谷行人さんが語っているように、近代というシステムは、われわれは同じ仲間だという「民族」、暴力装置を持っていて民族を束ねる「国家」、民族と国家を動かしていく「資本」の三つの力が均衡している。**グローバル化が行きすぎて格差が広がると、国家や民族がグローバル化を抑えようとする。**ピケティの研究が逆説的に示したように、格差が是正された時期は世界大戦のときだけでしょう。

田原　そうです。第一次大戦と第二次大戦という総力戦の時期だけ。

佐藤　ということは、裏を返せば、今後、**戦争以外のことで格差が是正される可能性はかなり薄いわけでしょう。**

田原　ピケティも、次の戦争が起こることでしか格差是正はされないという。

経済面では、ＡＩ（人工知能）やロボットが格差をさらに広げる

佐藤　第三次世界大戦と呼ぶか呼ばないかは別にして、そういう話になってしまう。戦争についてはあとで話すとして、**格差が是正されない経済面で、どんなことが起こるのか。**

一つ注目すべきは**「AI」（人工知能）**です。「ロボット」も同じ範疇《はんちゅう》に入れて考えてよいと思います。こういうものが進歩発展していくと、人間以外の機械が人間の代わりを本格的に務めはじめる。そのとき、AIを運営する側に入る人は、人口の1％かもしれないし、0・1％かもしれない。時間とともに0・01％に向けて絞られていくのかもしれない。いずれにせよ、**世界の富はそこに集まる**でしょう。

その0・1％以外の圧倒的大多数は全部、貧困層です。ただ、この貧困層というのは、食うに事欠くような昔の貧困層とは違います。でも、大学で専門教育を学んだわけでもなく、刹那《せつな》的な娯楽を提供されて喜んで遊んでいる。そんな**大勢とごく少数の超エリートに社会が分かれていく危険性がある**だろうと思います。

数学力があればAIを運営する0・1％に入れるが、なければ貧困層に落ちるだけ

佐藤　いま、日本でもそんな兆候が現れているのが数学力です。**数学力があるかないかで、**

若い人たちが一生にもらう給与は、かなり開きが出ています。田原さん、ヘンな逆説があるんですよ。みんなに数学を勉強させようとすると大学の偏差値が落ちる。だから偏差値を落とさないために数学を勉強させない。

田原　なんですか、それは？

佐藤　多くの高校で、みんな数学ができない。数学と比べれば、歴史や地理や政治経済など、社会のほうがまだできる。一方、私立大学の文系3科目入試は、「国語・英語以外にプラス1科目を地歴・公民・数学から選べ」というようになっているから、みんな社会を選ぶ。最初から数学の選択を外してある大学も多い。それで偏差値の高いのはどの大学の何学部というランキングの話をするわけだから、数学が要らない大学・学部のほうが偏差値が高くなる。結果、偏差値が高い大学で数学力がスカスカになる。

経済学部でも数学がないところがほとんどだから、大学を出ても使い物にならない。数学をガンガン教えると敬遠する者が増えて学生が減ってしまうんです。

田原　ノーベル経済学賞を取った論文は全部、数学の研究論文みたいなものだ、とよく聞きますね。日本人は一人も受賞したことがないんだ。物理学・化学・医学賞は取っているけれども。

佐藤　数学ができない者が大学の経済学部に入ることができ、数学ができないまま卒業するというのは、世界で日本だけじゃないですか。そんな異常な状態が日本の受験から生じてきています。これは、ＡＩともものすごく関係する話だと思います。

田原　そうか。数学のできない日本人は、ＡＩの運営側に入れず、貧困層のほうを多く占めてしまう恐れがあるわけか。

日本の労働人口の半分が、人工知能やロボットで代替できるようになる

田原　15年暮れに、野村総合研究所と英オックスフォード大学の研究者との共同研究が発表された。日本国内６０１種類の職業について、それぞれＡＩやロボットなどで代替される確率を試算したら、10～20年後、**日本の労働人口の約49％が就いている職業で代替が可能**という推計がえられた、というんです。どう見ますか？

佐藤　そのとおりだろうと思います。**若い人は、49％が働いている職業には進まないほう**

がいいでしょう。当面はＡＩに置き換えようがない仕事って、結構あると思うんです。たとえば町の不動産屋さんとか。

不動産屋の窓ガラスに情報がたくさん貼ってあるなかに格安物件を見つけ、借りようと思って詳しい話を聞くとしますね。すると、不動産屋が「その家？ 20年ほど前に首つり自殺があったけど大丈夫？」とか、「そのアパート、大家があれこれうるさくて、1年で出ちゃう人が多いから安いんです。５０００円高いけど、こっちのほうがお勧めです」とか教えてくれる。ＡＩではダメでしょう。

あるいは、おカネの計算だけする公認会計士はＡＩに取られてしまうだろうけど、税務署との交渉までアドバイスしてくれる税理士は大丈夫だと思う。銀座や赤坂のクラブのホステスさんも、もちろん風俗方面も、ＡＩではダメ。

田原 そりゃそうだ。ＡＩによるバーチャル風俗サービスなんて、誰も行かない。吉崎達彦というエコノミストが書いた本がおもしろかったのは、お役所仕事のように嫌々やるサービス業を従来どおりの第三次産業、客がニコニコ喜ぶ楽しいものを第四次産業と呼んだらどうか、と。観光、エンタメ、ギャンブルなどは第四次で、これが今後の成長産業だという。ここはＡＩでは難しい。

佐藤　蓼《たで》食う虫も好き好きで、楽しみは人それぞれですからね。政治家も作家もジャーナリストも、人間的な要素が大きい仕事はＡＩでは代替できません。よくいわれるのは、ＡＩが発達すると、家にいてセンサーであれこれデータを取って医療センターに送ると、そこで診断され処方箋も出てくると。

田原　在宅のまま遠隔治療を受けられるとかね。

佐藤　でも、富裕層は絶対にホームドクターをつけますよ。フェイス・トゥ・フェイスのほうが安心できるに決まっている。問題は、**ごく限られた人しかフェイス・トゥ・フェイスの特権を得られないようになっていく**ことで、これは怖い。

「成長しなくていい」とか「勤労国家レジームをやめよう」という議論は間違っている

田原　先日、朝日新聞が見開き全部を使って、経済成長は必要ないのではないかという特集を組んでいた。たとえば京都大学の佐伯啓思《けいし》名誉教授は、国家が成長を必要としたのはもともと冷戦期に資本主義陣営が社会主義陣営に勝つためで、「それだけのことにすぎない」という。どうですか？

佐藤　いや、それはちょっと浅薄だと思いますね。だって社会主義が始まる前から資本主義は成長していましたから。マルクスが解明したのは、**資本はそれ自身で自己増殖していく仕組みがあるんだ**ということです。これが重要な点で、私は、**資本主義社会である限り成長を完全に無視することはありえない**と思います。

田原　大阪大学の猪木武徳名誉教授は「成長を謳歌したこの200年間は、経済思想の中ではむしろ例外的な時期だった。成長なしを受け入れる成熟こそ、今の私たちに求められているのではないか」という。

佐藤　この200年で人口が急膨張し経済が急成長したのは、産業革命に代表されるイノベーションや医学はじめ科学技術のお陰でしょう。でも、あまり成長しなかったそれ以前の時代は、別に成熟なんてしていない。みんな長生きしたいし、お腹いっぱい食べたかっただろうけど、できなかった。だから成長できず、現状維持がせいぜいだったんじゃないですかね。**「成長しなくていい」「成長には限界がある」といった議論は、私はマユツバだと思っています。**

それより私は、肉食恐竜ティラノサウルスの研究をもっと進めたほうがいいと思う。

田原　どうしてですか？

佐藤　いま世界的にティラノサウルスの研究が進んでいまして、NHKやBBCの科学ドキュメンタリーで見ることができる。体長15メートル近く、ということは奈良の大仏と同じくらい。これまで時速18キロ程度で歩くと思われていたんですが、実は50キロくらいでドタドタ走ったらしい。顎は史上最強で、肉でも骨でもバリバリ食ってしまう。これが200万年も地球を支配していたらしいと。

過去46億年とされる歴史で、さまざまな生き物の栄枯盛衰があったわけですが、**最強の肉食獣として少なくとも200万年は生きていたティラノサウルスに人類が学ぶべきことは、少なからずあるのではないか。**

田原　ティラノサウルスのようにうまくやれば、200万年は大丈夫？

佐藤　そうそう。たぶん巨大隕石の衝突で恐竜が全滅したとき滅びたんだろうと思いますが。35万年前に登場して2万数千年前に絶滅したネアンデルタール人のDNAは、私たちにも何%か混入しているとか。彼らは、いまの人間の倍の筋力があり、視力も10・0くらいあった。寒くなって死んじゃったらしい。それでも30万年間生きていたんだから、いまの人類もそう簡単には絶滅しないだろうと思います。そこは私は楽観論です。

ところで、私が最近気になるのは成長の限界とともに、**勤労国家レジームをやめようじゃないかという動き**です。

田原　電通のような働きすぎはよくない。働きすぎをやめようと。その結果、成長率0%だっていいじゃないか、という人もある。

佐藤　私は、成長を目的として働く必要はないが、**勤勉さも競争も必要だ**と思います。電通は働くエネルギーが変な方向にむかったのがよくなかった。働くのがおもしろければ、世間一般から見れば働きすぎでも、何の問題もないでしょう。田原さんだって、夕方会うと、今日インタビューするのは7人目なんていう。80歳を超えて同じ日に1時間ずつ7人から話を聞く人なんて、そうそういない。田原さんの魅力は、勤勉さの力ですよ。

田原　まあ、僕なんか趣味が何もないもの。人に会うのが楽しくてしょうがない。

「オリンピック後の不況」と「教育と子どもの貧困」が懸念材料だ

田原　日本経済の今後は、どう見ますか?

佐藤　トランプはむりやりにでもアメリカ経済を引っ張り、**2年間はアクセルをふかし続けるでしょう**。ただし、ファンダメンタルズ（経済の基礎的条件）がアメリカはそんなにいいのか、また日本はそんなに悪いのかと考えると、**アメリカは、日本の輸出企業に有利な円安ドル高を容認しなくなる**と思う。

田原　アベノミクスは?

佐藤　日本の金融政策は、内閣官房参与の浜田宏一さんが16年11月、日経新聞のインタビューで「デフレ脱却に金融政策だけでは不十分だったのか」と聞かれ、「私がかつて『デフレはマネタリーな現象だ』と主張していたのは事実で、学者として以前言っていたことと考えが変わったことは認めなければならない」といった。ごめんなさいといったわけですね。

田原　ごめんなさいといった。金融緩和は間違ってはおらず、当初は効果があったが、同じ薬が効かなくなってきた。だから違う処方として財政出動が必要だ、といっている。

佐藤　アベノミクスを4年やっても、2%の物価上昇は到底無理。だから出口を考えなければいけない。20年東京オリンピック・パラリンピックに向けた建設ラッシュで、とりあえず調子がよく見えているけれども、**オリンピック後は不況に見舞われる恐れがある**と思います。

とくに私が心配しているのは、**教育と子どもの貧困**です。教育にかかるカネが加速度的にかかるようになってきている。貧困家庭も子どもの貧困も増えている。

田原　教育費は将来、与野党どちらも大学まで無料にするんじゃないですか。

佐藤　そうなればいいですけど、政府にカネがない。**大幅な消費増税が必要で、それで入るカネを若い人の福祉、子育て、教育などに回すべき**です。現在の日本は低負担・低福祉の国。高負担・高福祉は実現できないと思いますが、**中負担・中福祉の国を目指すべき**でしょう。

1000兆円を超える借金で日本が崩壊する日が迫っているのか?

田原　よくわからないのが、1990年代後半の橋本政権のころ国債の発行残高は400兆円くらいでした。それでも財務官僚たちは、日本国家が崩壊するかもしれないという強い危機感を抱いていた。その後、日本の借金は1000兆円以上に膨らみ、非常に不健全だとは思うんだけれども、日本国家はまだ崩壊していない。

佐藤　そうそう。この問題をどう考えるかですね。

田原　日本国債の発行残高は、2016年度末（17年3月末）に約838兆円。これに地方債などを加えた「国と地方の長期債務残高」は同じく16年度末に1062兆円で、対GDP比では約205%。この比率が200%を超えている主要国は日本とギリシャだけで、日本がかかえる借金は国別では世界最大。大蔵官僚や財務官僚は、20年前も現在も、いついかなるときも大借金で日本国は危機的状況だといっています。

よくいわれるのは、**日本全体の金融資産の資金循環（バランスシート）を見ると、家計**

の金融資産全体は1746兆円。家計の負債は383兆円。だから、**その差の1363兆円が家計の「純金融資産」である。**ところで、日本国債を買っているのは9割が日本人で、家計の金融資産が間接的・直接的に形を変えて国債に振り向けられている。

具体的にいえば、日本人が銀行・信用金庫・郵便局などに預け入れた定期預金や普通預金、保険会社・損保会社・年金基金などに納めた生命保険・医療保険・損害保険・年金などの掛け金（保険料）を使って、金融機関・保険会社・年金基金などが国債を大量に購入している。

だから、ごく荒っぽい試算をすれば、理論的には、**国債残高が1062兆円で金融資産の黒字1363兆円を下回っている現在は大丈夫。**両者の差がごく小さくなってきたら、毎年30～40兆円発行してきた国債は、もう出せなくなる。国債残高が金融資産の黒字を上回ったら、日本国は債務超過に陥って国が傾く。よって、その前に消費税率を大幅に上げるしか手はないというんです。右の数字は、日銀が発表した「16年第2四半期の資金循環（速報）」に出てきます。

佐藤　その考え方でいくと、いまのように**毎年、政府が30～40兆円という国債を発行して**

借金ができるのは、最長でもあと10年くらいですよね。

田原　そうでしょう。そのころまでに消費税15〜20％にすれば、税収30〜40兆円が入ってくるから、日本国家の崩壊は避けられる。

コンソル公債の発行や日銀保有国債を永久債化したらどうか？

佐藤　そこで素人考えをいえば、日本はコンソル公債を出したらいいんじゃないですか。コンソル公債はイギリスが18世紀に出した永久債で、償還はしないが、永久に利子が支払われる。これについては相続税は免税にする。もちろん国際秩序に大きな影響を与えるから、大顰蹙《ひんしゅく》を買うと思いますけど。

田原　それに近いことをやったらどうかという提案は、すでにあるんですね。いま日銀が市中国債の買い入れということをやっていて、年80兆円まで国債を買う。10年続けたら、日本国債のすべてを日銀が持つことになってしまう。だから、いつかは停止しなければいけない。まだ出口は見えていませんが。

佐藤　中央銀行が国債を「直接に」引き受けると、資金の裏付けのない紙幣をバラまくことになってインフレになるから、どの国も法律で禁止。でも、いったん市中に出回った国債を買うのは問題ない。市中のマネー量を増やすことになるから、アベノミクスの一環としてやっているんですね。

田原　やっている。ところで、日銀が買った日本国債は塩漬けになっていて、市場に出てこない。この**日銀保有国債を永久債化したらどうか、**という構想があるんです。まだ一部の学者がいっているだけだけど。

佐藤　私が警戒しているのはヨーロッパ。ヨーロッパが新・帝国主義化していくと、好き勝手に国債の永久債化をやりかねないと思うんです。イギリスはかつて、それで18世紀の危機を切り抜けたんですからね。いずれにせよ資本主義というのはしぶといから、あらゆるやり方をして生き残りを図ろうとすると思います。

「第三次世界大戦」は、新しい形ですでに始まっている

田原　その資本主義の生き残り策のなかに、戦争も含まれますね。主要国は**自国第一を掲げて新・帝国主義化していくから、自国のプラスになる戦争は許容すると**。

佐藤　そうです。もっとも大規模で効率のよい公共事業として、またピケティが指摘した格差解消の決定策としての戦争は、充分ありうるでしょう。これを**「第三次世界大戦」**と呼んでいいと思うんです。

田原　第三次世界大戦。どういう戦争ですか？

佐藤　まず、**植民地獲得といった領土的野心はない。**自国第一で自国大事だから、徹底的にやって**国が滅ぶ瀬戸際に追い込まれたり、核攻撃によって数十万人の犠牲者が出たりしかねない戦争もやらない。**このあたりが100年前とは違う「新」帝国主義です。当然、コンピュータ、AI、ロボット、ドローン（無人機）、ロボットスーツ（パワードスーツ）といった**最新ハイテクを駆使して、兵士の負担が限りなく小さい戦争を目指す。**

田原　アイアンマンやSF映画みたいになってくる。

佐藤　オバマ前大統領は「米軍はアイアンマンをつくっている」と公言したことがあります。米軍は実際に開発して実用段階にあるようで、米特殊部隊司令部のPRビデオを見ると、アラミド樹脂（防弾チョッキの素材）と磁性流体（電流や磁場をかけると一瞬で硬化する）でできた一種の鎧《よろい》を着た兵士が、テロリストのアジトに踏み込むんだけど、カラシニコフなんかの弾をすべてはじき飛ばしてしまう。

田原　無敵なの？　そんな鎧を着込んだら、重くて歩けないじゃない。

佐藤　いやいや、パワードスーツを装着しているので、100キロ背負っていても2～3キロの重さしか感じない。それから、インターネットに代表されるサイバー空間で、サイバー攻撃やサイバー戦争が展開されるでしょう。

サイバー攻撃は裏世界の常識であり、やられるほうが悪いのだ

田原　そこを聞きたい。ロシアがサイバー攻撃で選挙に介入した、とオバマが強く非難し

て、16年暮れにロシア外交官35人を追放しました。あれは何ですか？

佐藤　意外とみんな軽く見ていますが、35人も外交官を追放すると、後遺症が2〜3年は残ります。選挙介入については、ロシアは実際にやっただろうと思います。でも、アメリカの腕が悪いから抜かれてしまう。ロシアの選挙にもアメリカは介入しようとしているんだけど、ロシア側は腕がいいから防衛できる。たぶん共和党もやられたと思いますが、ロシアが民主党のほうだけをオープンにした。こんなのは、抜かれるほうが悪いんです。

田原　なるほど、そういうものですか。

佐藤　以上は裏の世界の話です。**裏の世界は裏から出すな**というのが正解。それを表に出して外交官の追放なんてやったら、アメリカもさんざん悪事をやっているから収拾がつかなくなってしまう。だからプーチンは報復の外交官追放は見送った。

アメリカもロシアも、サイバー攻撃のような悪事を働いているのは当たり前です。防衛できない弱いやつが悪いというのは裏業界での常識で、表の世界に出して泣き言をいうのは、とてもみっともない話。私は最近、パソコンのアンチウィルスソフトをロシア製に変えたんですが、非常に優秀です。以前のソフトが見逃していたウィルスをどんどん引っかける。もっとも、ひっかかってくるウィルスそのものも全部ロシア製ですけど。

田原 トランプは外交官追放問題をどうする？

佐藤 前大統領がやったが、われわれはそうは認識していない、と撤回するでしょう。トランプは、不動産取引には地上げだの買収だの恫喝だのが付き物だとわかっていて、きれい事ばかりいってもしょうがないだろう、という発想。トランプもプーチンも「俺は大人と仕事がしたいんだ」という考えで一致するんじゃないですか。

トランプの「シリアは放っておく」、「ＩＳはロシアとイランに任せて皆殺しにする」が生み出す危険なものとは？

田原 米大使館のエルサレム移転で、第五次中東戦争が起こりかねないという話でしたね。イスラエル対アラブの戦争が中東で勃発する可能性がある。それ以外の中東問題、たとえばシリアやイラク問題をトランプはどうするつもりですか？

佐藤 これは国によって違います。**シリアは放っておく**。ロシアとイランで勝手に、適当にやってくれ、もうアメリカは参加しないと。理由は簡単で、第一に石油がほとんど採れないから。第二に山岳地帯があってなかなか平定できないから。

田原　ＩＳ（イスラム国）問題は？

佐藤　**ＩＳを皆殺しにする**というのは本気でしょう。でも、アメリカがやる必要はない。ロシアとイランに任せれば皆殺しにしてくれるから。

田原　ああ、アメリカがやるんじゃないんだ。

佐藤　シーア派のイランは、ＩＳをぶっ殺さなければいけない対象と思っています。ロシアも、コーカサスに悪い影響があるといけないと思っています。この二つの国がＩＳを皆殺しにするわけです。

　対する英米は、皆殺し作戦みたいなのは嫌なんです。民間人も合わせて「そばにいて運が悪かったね」というのが皆殺しですから。英米は文明国として、テロリストにターゲットをきちんと絞った形で、きれいな戦争をしたい。

田原　オバマはそれでやってきたんだ。

佐藤　そう。だからアメリカは、いろいろストップをかけたでしょう。ところがトランプは、そんなのどうでもいい。ＩＳは皆殺しでいいが、どうやるのか俺は知らん。ロシアとイランがやりたがってるから、やればいいいんじゃないの、という感じですよ。それでＩＳ問題は解決しちゃう。

田原　ほかには、どんな場所で戦争が起こる？

佐藤　第三次世界大戦には当然、**テロとの戦い**という側面があります。これは非対称の戦争で、ハイテク兵器なんて造れない武装勢力がテロを起こす。テロの日時や場所を決めるのはテロリスト。ＩＳはインターネットを通じて、至るところでテロを起こせといっていますから、いつ、どの国・地域でも、テロは起こりえます。

ＩＳを皆殺しにするというトランプのアメリカはテロ攻撃の対象です。私は、深刻な要人暗殺事件が起こるかもしれないと懸念しています。第二ＩＳ化が懸念される中央アジア、**中国の辺境地帯あたりも、いつ何が起こっても不思議ではない**でしょう。

田原　そうか。すごい時代に入ってきたなあ。いや、長時間ありがとうございました。とてもおもしろかった。また、やりましょう。

田原総一朗責任編集 オフレコ!BOOKS
この世界を知るための教養
10のキーワードですべてがわかる

発行日　2017年3月7日　第1刷

著者　佐藤優
責任編集　田原総一朗
構成　坂本衛
デザイン　菊池崇＋櫻井淳志（ドットスタジオ）
撮影　塔下智士
編集協力　正木誠一
校正　豊福実和子

編集担当　高橋克佳、小林英史、辺土名悟
営業担当　増尾友裕
営業　丸山敏生、石井耕平、熊切絵理、伊藤玲奈、網脇愛、櫻井恵子、吉村寿美子、田邊曜子、矢橋寛子、大村かおり、高垣真美、高垣知子、柏原由美、菊山清佳、大原桂子、寺内未来子
プロモーション　山田美恵、浦野稚加
編集　柿内尚文、舘瑞恵、澤原昇、奈良岡崇子、及川和彦
編集総務　千田真由、高山紗耶子、高橋美幸
メディア開発　中原昌志、池田剛
講演事業　斎藤和佳、高間裕子
マネジメント　坂下毅
発行人　高橋克佳

発行所　株式会社アスコム
〒105-0003
東京都港区西新橋2-23-1　3東洋海事ビル
編集部　TEL：03-5425-6627
営業部　TEL：03-5425-6626　FAX：03-5425-6770

印刷・製本　株式会社光邦

Printed in Japan ISBN 978-4-7762-0943-0